餐饮公关力

一本书扭转餐厅形象危机

鹤九　著

電子工業出版社
Publishing House of Electronics Industry
北京 · BEIJING

内 容 简 介

本书是餐饮企业老板及品牌公关人员的必读书籍，分别从“制危”“取势”“工具”三大维度，力求“理论与实践相结合，案例与方法论并现”，指导餐饮企业有效做好新时代的品牌公关。

在消费升级大背景下，餐饮品牌化发展已成必然趋势。一方面，在餐饮品牌遭遇危机时，该懂得如何快速反应，并制定有效的危机公关策略，转危为安；另一方面，餐企需要主动出击，巧借各类媒体，尤其是当下流行的新媒体，从多维度进行品牌公关造势。

本书共3篇，上篇阐述餐饮危机公关“九阴真经”，通过典型的危机公关案例，总结出9招危机公关策略，并以实际的餐饮案例让餐饮老板懂得公关处理原则和方法，招招致用。中篇阐述餐饮媒体公关“十二部曲”，通过详细的案例解读，总结出操作性极强的方法论，系统告诉餐饮老板该如何巧借媒体为品牌造势，增加品牌势能。下篇从餐饮公关力“三项修炼”层面阐述品牌公关的三大工具，分别为“软文营销”“舆情监测”“搜索排名”，通过对工具使用方法和技巧的总结，提升餐饮企业实操“公关力”。

图书在版编目（CIP）数据

餐饮公关力，一本书扭转餐厅形象危机 / 鹤九著. —北京：电子工业出版社，2017.11
ISBN 978-7-121-32958-6

Ⅰ. ①餐…　Ⅱ. ①鹤…　Ⅲ. ①饮食业—企业管理—研究　Ⅳ. ①F719.3

中国版本图书馆CIP数据核字（2017）第262440号

策划编辑：齐　岳
责任编辑：齐　岳　文字编辑：赵　娜
印　　刷：北京捷迅佳彩印刷有限公司
装　　订：北京捷迅佳彩印刷有限公司
出版发行：电子工业出版社
　　　　　北京市海淀区万寿路173信箱　　邮编：100036
开　　本：720×1000　1/16　印张：15.75　字数：245千字
版　　次：2017年11月第1版
印　　次：2023年9月第2次印刷
定　　价：69.00元

凡所购买电子工业出版社图书有缺损问题，请向购买书店调换。若书店售缺，请与本社发行部联系，联系及邮购电话：（010）88254888，88258888。

质量投诉请发邮件至zlts@phei.com.cn，盗版侵权举报请发邮件至dbqq@phei.com.cn。

本书咨询联系方式：（010）88254473、qiyue@phei.com.cn。

自 序

每一个餐厅都在遭遇一场形象危机

当下，消费全面升级，80、90后成为消费主力军，他们属于互联网原住居民，对新生事物接受度高，选择餐厅不仅要看出品是否美味，也对餐厅“颜值”和文化有苛求，更希望自己成为餐厅经营的“参与者”。同时，他们也喜新厌旧，品牌忠诚度普遍不高，一旦有更具吸引力的品牌出现，他们往往会成为第一批尝鲜者。

在这种大环境下，整个餐饮行业的更迭速度在加快，单个品牌生命周期在缩短。

昨天一个新开的创新餐厅还大排长队，明天有可能就门可罗雀、惨淡经营了；昔日如日中天的知名餐饮品牌，经过几度转型阵痛，却仍难逃“出局”的命运；一些发展势头迅猛的新品牌，因为某个细微环节的疏忽或处理不当，遭遇用户网上投诉和媒体的曝光，一个品牌从此“一蹶不振”，甚至销声匿迹……

所以，每个餐厅，无论是在全国开店超过1000家的连锁餐饮品牌，还是苦心经营的单店，在消费升级的大环境下，无时无刻不在遭遇一场“潜在”的形象危机。

为什么说是“潜在”的形象危机？因为这个危机隐藏在不易被察觉的餐企日常经营细节中。例如，菜品跟竞争对手比没什么差异点，用餐环境太LOW，营销仅仅是单一的促销，对顾客微博投诉视而不见，餐厅文化离用户太远，互联网经营思维欠缺，经营模式太固化，危机公关意识太差等，这些已经或将发生的细小问题，可能因为经营者的疏忽，日积月累后酿成一场意想不到的“危机”，让餐厅的形象毁于一旦。

我们不难找到这样的案例，昔日国内A股上市的第一家民营餐饮企业湘鄂情，曾经成为2008年奥运会餐饮服务商的俏江南，前者数次转型成效微弱，后者在遭遇资本“魔咒”和多次危机风波后经营维艰，这其中有自身决策因素的影响，但更多是餐企长期经营战略和管理细节的问题所致。

此外，与近期轰动一时的海底捞食品安全问题事件类似的餐厅危机事件几乎每天都在发生，都是因为一些“潜伏”的小问题，让餐厅好不容易积累的口碑，瞬间被击打得“支离破碎”，也时刻警醒着餐企老板们：扭转餐厅形象危机刻不容缓！

笔者作为国内知名餐饮新媒体“餐饮界”的创始人，同时担任华南地区新媒体公关机构“哈谷传媒”CEO，最近8年一直从事互联网营销、餐饮品牌公关等工作，对互联网新媒体传播、危机公关、公关事件策划等有着丰富的理论研究和实战经验。笔者用了近5年时间潜心研究餐饮互联网思维应用，尤其是新媒体环境下餐饮品牌公关力的构建；统筹过跨国上市金融企业的危机公关，操盘过低成本撬动上亿级别传播声量的成功案例；也参与了海王星辰、招商银行、康师傅、面包新语、蚝门九式、电影《催眠医生》等项目的新媒体公关策划与网络传播，帮助众多企业取得了丰硕的成果。

2016年，笔者在撰写《互联网+餐饮，一本书读懂餐饮互联网思维》一书的过程中，对整个餐饮行业的新媒体公关现状进行了系统了解，并在书中“炒作思维”和“新媒体思维”部分进行了初步阐述。该书发行至今不断收到读者的反馈，其中一条令人印象深刻：“在书中阐述的八大互联网思维里，对炒作思维和新媒体思维印象非常深刻，尤其对‘微博危机公关’这个小板块的内容印象深刻。无奈整本书的侧重点不同，上述内容篇幅非常有限，所以希望您能出第二本书进行更加系统深入的阐述。”

同时，为进一步坐实“餐饮公关力”一书的市场需求，笔者也特意走访多位餐饮老板并对餐饮图书市场做了调查，竟发现了一片蓝海：大部分餐饮老板对如何应对危机公关缺乏系统的方法指导，而且整个图书市场缺乏一本关于“餐饮危机公关”的书籍。因此，笔者将自己在品牌公关策划与传播方面的经验与知识进行了系统梳理，并集合餐饮行业过往发生的众多案例，希望通过概念解读、案例剖析、方法论总结，从势、术、器三个层面，直击餐饮公共关系命脉，帮助餐饮企业全方位修炼餐饮公关力。

小贴士

公关即公共关系，广义上理解，它是一个组织为了达到一种特定目标，在组织内外部员工之间、组织之间建立起一种良好关系的科学，它包含内部公关、客户（用户）公关、政府公关、媒体公关、危机公关等多层面。

狭义上的公关，仅指站在企业品牌营销角度展开的公关活动、品牌传播、媒体公关、危机公关等市场营销行为。

本书对于“公关力”的阐述仅指“狭义上”的公关，只作为餐饮品牌市场营销行为的参考。

可以说，本书是国内首先聚焦餐饮“公关力”方面的书籍，也是系统阐述“餐饮危机公关和软文营销”的实战攻略。

本书的部分核心观点如下。

（1）公关力是打造一个餐饮品牌的“必备工具包”。不但要求能结合餐企自身情况进行公关借势、造势、运势，通过取势拉升品牌正能量，而且在餐厅遭遇各种“危机”时，能随机应变，针对不同的危机情况采取不同的危机处理方法，快速、有效、合理“制危”，从而将品牌“负能量”降至最低。

（2）餐企危机无小事，公关部门是企业战略部门。任何用户、媒体或者第三方对餐厅的评价、建议、投诉或曝光，都要引起公司战略层的高度重视，并针对实际情况快速制定危机应对策略。

（3）“防微杜渐”是解决餐企危机公关的根本之策。预先建立好一套有效的危机公关预警机制，有针对性地引进“舆情检测”系统，让品牌处于24小时的“舆情监控”中，一旦出现危机“火苗”，迅速行动将其压制或扑灭。

（4）软文营销是餐企展开公关活动的重要手段。怎样撰写一篇有创意、吸引力、亲和力的软文，怎样进行软文构思、标题撰写及内容结构的布局，“笔功”的修炼直接关系到公关活动的执行结果。

凭借本书对“餐饮公关力”的阐述，相信每个餐饮人都会对“公关力”有一个较为全面系统的认知，并能参照书中阐述的案例和方法论，合理指导餐厅的公关活动。

最后，借用李善友老师的一句话：“禅师用手指月亮，你到底看到月亮，还是手指？书中讲的任何案例、任何技巧、任何推导过程都只不过是这根手指而已”。笔者非常认同李老师的观点，希望大家不要过多地聚焦在书中分享的案例细节上，也千万不要计较案例里的是是非非，而要看到手指背后的“月亮”，看到案例背后的逻辑体系和方法论。

鹤九

2017年10月

前　言

再见广告，你好公关

“广告已死，公关时代已至！”近几年，唱衰广告的声音不绝于耳，相反公关却越来越被企业重视。

这里所指的“广告”是传统广告，一种传统的广告营销思维，一种单一传递广告信息的形式，这种近乎以烧钱方式“砸品牌”的策略，在信息呈现碎片化的互联网时代，似乎已经不再奏效。曾经“央视标王式”的广告轰炸，现在并不能带来企业产品销售的同比上升；相反，一则借势的公关事件，却能让品牌瞬间大红大紫，销量直线上升。

2016 年 6 月中国社科院发布的《新媒体蓝皮书》中披露：去年网络广告总量为 2096 亿元，而电视报纸杂志广播的广告投放总量加起来是 1743 亿元。从投放数据上来看，报纸下跌超过 35%，杂志下跌近 20%，传统广告已风光不再。

作为“民之根本”的餐饮业亦如此。近几年，我们几乎很难在电视台或报纸上看到“赤裸裸”的硬广告，更多地看到某某餐饮品牌创始人或者主厨被邀请到电视台做美食节目，又或者在报纸的某个版面上以“新闻稿”的形式被报道，公关的受欢迎度远远高过广告。

蚝门九式创始人蚝爷（原名陈汉宗）研究生蚝 17 年，是一位以“餐饮匠人”著称的餐饮人。他摒弃传统赞助或广告方式，通过微博、餐饮行业新媒体和线下活动，先将自己塑造成一个有情怀的潮汕饮食文化传播者形象，打造一个强有力的“美食达人 IP”，同时借助 IP 影响力和媒体资源关系，先后被邀请到央视“致富经”“味道中国”，湖南卫视“天天向上”，江苏卫视“鲜厨当道”等电视栏目，展示自己“开蚝”“吃蚝”“烹制煲仔饭”等精湛技艺。与此同时，他又将节目视频分享在微博、微信、网络新闻媒体，使之再一次扩散，以最大程度提高公关事件的传播声量。

这个过程中，无论是蚝爷“自我 IP 的打造”，还是“电视媒体资源的整合”，抑或是“自媒体话题扩散”等，无不被刻上了“公关”的烙印，这种内容植入式的宣传，不仅成本低，而且受众的接受度更高，对品牌和个人的价值也远比广告来得强。

今天一个品牌、一个企业的知名度真不是用“钱”能烧出来的，那种干瘪生硬的广告哪怕铺天盖地无处不在，却怎么也走不进用户的心里。真正能抢占用户心智的肯定不是广告，而是走心的公关，小米、华为、锤子是这样，西少爷、雕爷牛腩、蚝门九式等餐饮品牌也是这样。

基于传播环境与用户人群的改变，传统广告已行至末路，真正的公关时代已经到来，而且这个公关被戴上了“新媒体”的帽子。

时代三大变革让传统广告无触点

之所以说传统广告行至末路，主要因为按照以往的广告方式，信息根本就无法有效抵达用户。主要表现在两个方面：一方面，信息无法精准传播到目标受众群；另一方面即便被目标用户看到，也会被当成垃圾信息直接过滤掉。

第一大变革：核心消费人群改变了

曾经作为核心消费人群的60后、70后逐步退居次要地位，80后、90后甚至00后消费人群快速崛起，并逐步成为市场核心消费人群。作为互联网的“原住民”，他们的个性、价值观、消费习惯等与60后、70后有着明显不同。他们对传统的“教化式”广告天生免疫，却对各种互联网新词、热点、无厘头的“互联网语言”津津乐道。

同时，“伪中产”阶层史无前例地增多，之所以称之为“伪中产阶层”，是因为他们实际消费水平往往并不高，但却要求在性价比足够好的前提下消费一些有特色、高“格调”的产品或服务。

第二大变革：传播路径改变了

传统媒体的单向传播变为数字互动式传播。过去餐企与消费者沟通的方式除现场消费沟通外，更多地偏向于传统媒体的单向沟通，例如报纸、电视台、户外广告等；而如今已经演变成数字媒体的互动式沟通，用户可以随时通过微博、微信、社群论坛等数字媒体与餐企互动，用户不仅承担受众的角色，更属于内容的制造者（UGC）与传播者，并自发形成社群，诞生出意见领袖，自发影响到其他用户群。

第三大变革：用户行为习惯变了

过去消费者选择一个餐厅主要通过线下体验，朋友、媒体推荐等方式，选择范围有限；而如今用户选择餐厅之前，会先通过网络平台了解，例如通过大众点评了解餐厅的地理位置、招牌菜式及其他用户对该餐厅的评价，再从口味、价位、地理位置等各个维度进行对比，灵活方便地找到想要的餐厅。

设想一下一名 90 后的就餐行为：在家中用“大众点评”锁定心仪的餐厅和菜品，出行方式因为滴滴打车的出现也变得更加便捷，只需要“滴滴”一下，车辆直接开到家门口，在车上直接通过线上订餐将座位和菜品都订好，进入餐厅后准时上菜，吃完也没有了收银柜台现金支付的麻烦，直接用微信或者支付宝快速支付，轻松完成一次美食之旅。

如果你琢磨不透现在80后、90后主流消费人群的喜好，对他们的信息接触方式和传播路径一概不知，对他们的行为习惯也缺乏系统研究的话，还是按照老套的传统广告思路去做营销，那注定会是一场“自编自导自嗨”的舞台剧，没有票房，没有观众，更没有二次传播。

新时代下的传播环境，对传播者和传播内容提出了更高的要求，缺乏新闻、话题传播点的广告内容注定“短命”。因此，“内容为王”的战略也被企业空前重视，而公关无疑是企业生产高质量内容的方式之一。

新广告，充当公关的“引爆源”

互联网新媒体时代，是否意味着传统的广告载体就没有任何意义了？

不！即便是传统广告载体，当被赋予了“公关”痕迹时，也将一下子变得鲜活有生命力！

2015 年，在“哈谷传媒”策划的一则公关事件中，就充分让传统广告载体作了一回公关“引爆源”。

2015 年 7 月 25 日，恰值张靓颖十周年全国演唱会（深圳站），借此机会深圳金融平台“高搜易”以创始人“陈十元”是忠实“靓粉”这一噱头进行公关事件策划。

7月13日，为引发全城对土豪粉丝“陈十元”的关注，公关团队在《南方都市报》投放了整版创意广告“致张靓颖的第一封信”，并以同样的内容投放了60辆公交车身广告。

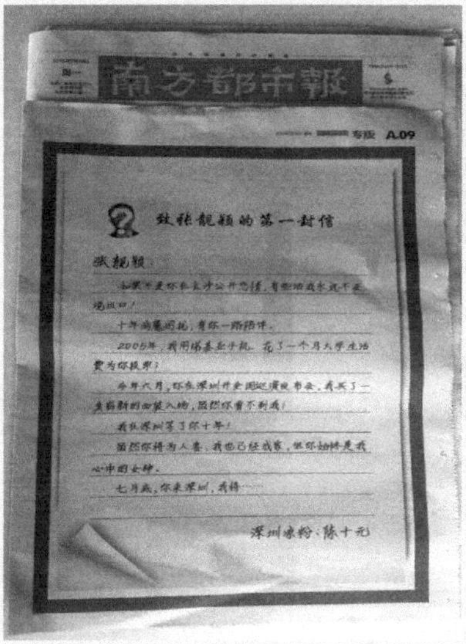

此广告一出，引发全城热议和媒体追捧，各种微博大 V 纷纷对事件进行转载，张靓颖微博粉丝群还自发发起了 # 全民寻找深圳凉粉陈十元 # 的微博话题，微博互动和阅读量暴增，为整个“凉粉陈十元致信张靓颖”公关事件的成功奠定了坚实的基础。

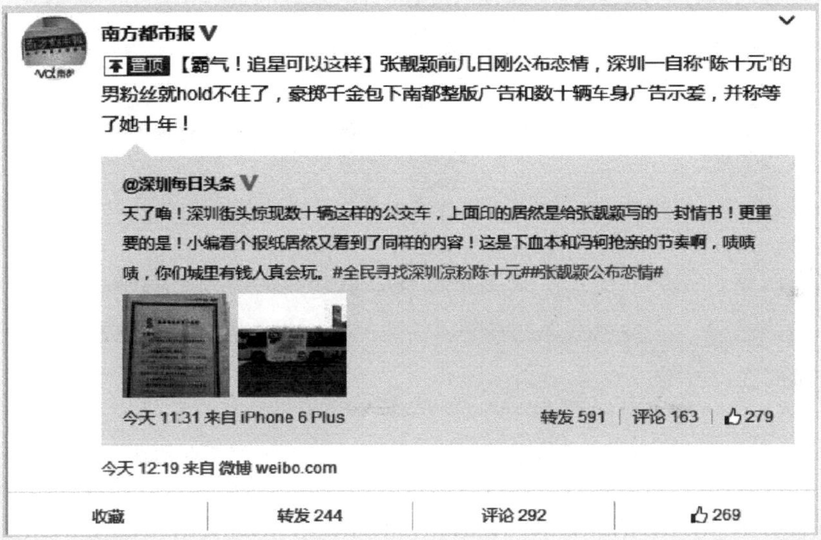

同样，在餐饮领域，互联网餐饮品牌“西少爷”在传统的产品“包装”广告上做了新花样。如“星座主题”“创业激励箴言主题”纸袋，内容有趣，且受众容易接受、愿意传播，以每月最少 50 万的纸袋消耗量计算，广告实现的曝光次数肯定不止 50 万，有可能超过 100 万甚至 200 万。因为面对这样有趣、好玩、有新意的包装，用户极有可能分享至朋友圈或微博，引发讨论和二次传播。

这个时候，我们发现，广告不仅是传达企业广告信息的载体，更是引发话题或事件的信息源。这种承载新思维的广告，从某种程度上来讲也算是“公关”的一种表现形式。

公关力，扭转餐厅形象危机的利器

餐饮行业中不乏在“公关”上做得出色的案例，尤其是肯德基、星巴克这类全球连锁餐饮巨头，他们建立了专业的公关团队，拥有健全的“公关体系”，无论是内部公关，还是在外部媒体公关、政府公关、客户公关等层面，都能轻松应对。

但在瞬间万变的互联网环境里，几乎每个餐饮企业，无论大小，都时刻面临着一场“潜在”的突如其来的形象危机。

一根出现在食品中的毛发，一份出品不稳定的菜品，一项不贴心的服务，一个被媒体暗访的内幕……瞬间都有可能通过微博、微信等自媒体快速传播，一旦反应不及时或处理不当，都有可能给餐厅带来灭顶之灾，让餐厅形象毁于一旦。

最近发生的轰动餐饮界的“海底捞后厨脏乱事件”，再一次敲响了餐企“危机公关”的警钟，“食品安全”既是餐厅经营的一道“良心底线”，也是品牌危机公关的一道“红线”，一旦触碰，极有可能陷餐企于灭亡。所幸，海底捞的品牌公关系统非常完善，遇到此类“危机事件”能迅速反应，并制定出“这锅我背，这错我改，员工我养”的危机公关策略，以“诚恳负责”的态度赢得了大部分用户的原谅，及时引导舆论向良性方向发展。

而对于 90% 以上缺乏“公关力”的餐饮企业来讲，并不具备海底捞这样成熟的公关团队和危机应对体系，因此，进行“公关力”修炼是一件迫在眉睫的事。无论你是创始人，还是 CEO 总经理，抑或是品牌公关人员，都应当学会如何借助外力“取势”，面对品牌危机事件时懂得“制危”，同时系统掌握公关力修炼几大核心工具，最大限度地通过公关手段为品牌加码。

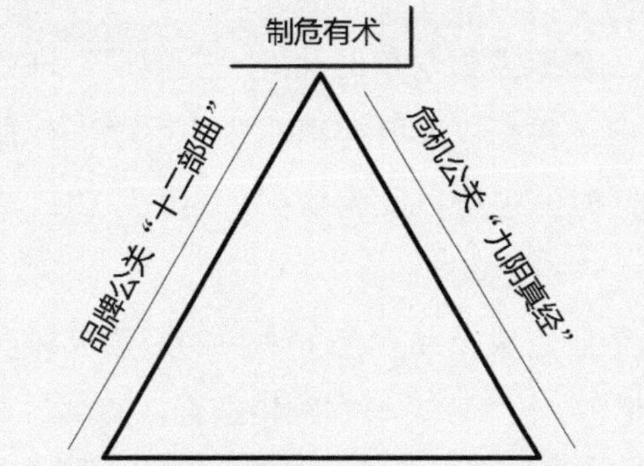

餐饮公关力修炼对于餐厅至少有以下 4 大意义。

1．品牌知名度与美誉度打造

借助公关活动/事件，如蚝门九式“千人蚝宴”“62 外婆节”“留几手巧遇苍井空”

等事件，能提升餐饮品牌的知名度和美誉度。

2. 媒体关系的良好维护

公关力要求餐厅养成一个良好的媒体沟通习惯，无论有没有大的公关活动事件，平时都要与媒体互动，这样能避免一旦触发危机再找媒体的尴尬被动局面。

3. 危机事件的沉着应对

当餐厅遭遇危机公关，在事先设定的危机公关预警机制下，根据实际情况合理选择“危机公关”策略，不紧不慢地沉着应对，将危机对品牌影响降至最低，从转危为安到转危为机。

4. 了解用户对品牌的舆论导向

通过第三方平台监测或搜索引擎对品牌“关键词”进行定时检索，及时了解用户对品牌的舆论导向，并积极采取合理的公关手段进行正面舆论引导，将细小的危机化解于无形。同时，也可以此为依据，为餐厅的日常经营活动、营销推广提供参考。

本书是一本餐饮企业老板及品牌公关人员的必读书籍，分别从“制危”“取势”“工具”三大维度，力求“理论与实践相结合，案例与方法论并现”，全方位提升餐饮的“公关力”，指导餐饮企业有效做好新时代的品牌公关。

在本书编写过程中，得到了电子工业出版社齐岳老师的耐心指导，以及“餐饮界”团队的大力支持和帮助，刘馨煜、李泽鹏、林艺萍、孟桂苗、贺际嵘等在案例收集、整理、校对过程中做了大量的工作，在此感谢他们的辛勤付出。

鹤九

2017 年 10 月

目 录

中 篇

取势有道：餐饮品牌公关“十二部曲”

下　篇

善假于物：餐饮公关力“三项修炼”

上 篇

制危有术：餐饮危机公关“九阴真经”

曾经，味千拉面的“骨汤门”事件让公司股价短短几天之内从 18 元左右高位急跌近 50%，市值蒸发几个亿。餐企一旦出现被媒体曝光、被网民热议的危机事件，会让品牌好不容易积累的口碑，瞬间被击打得“支离破碎”。餐饮界的危机公关事件从来没有停歇，这让餐饮老板无时无刻不战战兢兢，如履薄冰。

怎样预防危机事件，面临危机事件，如何灵活应对转危为安，几乎成为每个餐饮老板的必修课。

此篇梳理过往餐饮行业危机公关案例，总结出危机公关制胜“九阴真经”。餐企在实战运用中，应依据变化的环境和条件，因人、因事、因时、因地、因势而变。9 大招数既可以单招独打，也可以多招并用，每招侧重点不同，但实际目标都一样，都是为了减少损失，化险为夷，转危为安，这便是危机公关“九阴真经”的价值体现。

第一招　防微杜渐

【解读】

防微杜渐，就是在危机刚显现苗头与征兆时，就加以预防与制止，防止危机进一步扩大。换个角度来理解，就是要让餐企警钟长鸣，未雨绸缪，尽力将一切可能引发危机的隐患消灭于萌芽状态。

在今天看来，绝大多数危机在萌芽期并不是不可察的，只是餐企没有接收或收集到准确的危机信号，错失了最佳的处理时机，才导致危机一发不可收拾。在这个人人皆自媒体的时代，餐企更应该居安思危，因为每一个餐企在“盛世太平”的表象背后总隐藏着各式各样的危险隐患，它们随时准备着发生裂变，而后以迅雷不及掩耳之势爆发于网络世界，进而对餐企造成巨大的损害，甚至将餐厅引向灭亡。

所以，餐企危机公关人员应该懂得如何防微杜渐，懂得通过信息收集、舆情监控、负面信息筛选与分析等行为来实现防患于未然，这也被认为是成本最低、效果最佳的危机公关方式。

【案例】

一条微博折射出餐厅的危机意识

这是笔者一位朋友的真实经历。某一次，朋友在一家茶餐厅就餐过后，突感肠胃稍有不适，一番梳理过后，朋友认为是餐厅的餐品出了问题，并于当天晚上随手将事件发至微博。

这在自媒体时代是一件再普通不过的事情，然而，令人颇感意外的是，第二天上午朋友就收到了来自餐厅方的私信，表示希望能与朋友取得电话联系。电话接通后，餐厅经理在第一时间询问朋友的身体状况，并表示如未有好转，餐厅可以派人和朋友一起去医院做个检查。在朋友说出身体已无大碍之后，餐厅经理接着说，希望朋友能够配合他们督察餐厅的不足之处，让朋友提供当天的就餐位置与所点餐品名称，以便通过监控针对制作流程进行排查。中午时分，朋友又接到餐厅的第二通电话，依然首先询问身体状况，而后向朋友报告排查结果并无问题。并且，在排除制作问题之后，餐厅还对食材的保质期限与存储条件进行了一一排查，均显示无任何不妥当之处。通话结束之前，餐厅经理还诚邀朋友实地参观餐厅的后厨与中央厨房，并承诺朋友随时可以来餐厅查看监控。

事情进行到这里，朋友已经清晰地意识到这件事情终将“不了了之”。然而，朋友却对这家餐厅竖起了大拇指，认为这是一家真正用心对待顾客的餐厅，并于次日晚上主动删除了微博。

站在危机公关的角度，该餐厅危机预防意识和处理方式都值得大家学习。试想，如果这家餐厅没有一定的网络监控机制，任由餐厅的负面信息在网络上持续发酵；或者是恰恰赶上事件中的顾客是位“媒体达人”，善于运用网络媒体传播信息，那么，这一则看似没有任何威胁的微博最终就可能成为重大危机事件的导火索，届时若想解决，就绝非是两个电话那么简单的事情了。

之所以将防微杜渐作为品牌危机公关“九阴真经”的第一招来讲，就是因为它可以争取用最少的精力与最短的时间将餐厅的危机消弭于无形。目前，建立一定的预警机制，实时监控餐厅或品牌关键词，也正是很多餐企惯用的手法，它让餐厅从主动“收集”负面信息开始，做到及时响应潜在危机，为危机处理争取到充分的处理时间。

触及食品安全红线　海底捞为何能让危机就此止步

2017 年 8 月 25 日，海底捞再次成为人们关注的焦点。只不过，这次的焦点不再是围绕海底捞美好到“变态”的服务，而是在食品安全与卫生方面“摊上了大事”。

据《法制日报》报道，记者于2017年5月通过面试与培训后进入海底捞当“卧底”。经过将近两个月的观察，记者发现海底捞北京劲松店、太阳宫店存在后厨老鼠乱窜，扫帚、簸箕、抹布一同清洗，洗碗机油垢惊人，用汤勺捞下水道等情况。该报道图文并茂，展现出的海底捞后厨脏乱差形象让人触目惊心，一经发布便引发轩然大波。在人们的印象中，海底捞一直是“唱着生日歌，送着红糖水”的贴心温暖形象，它是国内餐饮业极致服务的最佳代表。曝光一出，很多消费直呼：反差太大，接受不了；“两面派”海底捞；感觉“被骗”很受伤等。

关于海底捞火锅北京劲松店、北京太阳宫店事件的致歉信

尊敬的顾客朋友：

您们好！

今天有媒体报道我公司北京劲松店、北京太阳宫店后厨出现老鼠、餐具清洗、使用及下水道疏通等存在卫生安全隐患等问题。经公司调查，认为媒体报道中披露的问题属实。卫生问题，是我们最关注的事情，每个月我公司也都会处理类似的食品卫生安全事件，该类事件的处理结果也会公告于众。无论如何，对于此类事件的发生，我们十分愧疚，在此向各位顾客朋友表示诚挚的歉意。

各位顾客及媒体朋友可以通过海底捞官方网站（www.haidilao.com）上的“关于我们-食品安全-公告信息”或海底捞微信公众号（ID：haidilaohotpot）“更多-关于我们-食品安全-管理公告”查询我们已往对于该类事件的处理结果。

这次海底捞出现老鼠，以及暴露出来的其他在卫生清洁方面的问题，都让我们感到非常难过和痛心，今天，媒体的朋友也为我们提供了照片，这让我们十分惭愧和自责，我们感谢媒体和顾客帮助我们发现了这些问题。

我们感谢媒体和公众对于海底捞火锅的监督并指出了我们工作上的漏洞，这暴露出了我们的管理出现了问题。我们愿意承担相应的经济责任和法律责任，但我们也有信心尽快杜绝这些问题的发生。我们也已经布置在海底捞所有门店进行整改，并会后续公开发出整改方案，也希望所有的媒体和支持海底捞的顾客监督我们的工作。

再次感谢社会各界对海底捞的关心与监督。

四川海底捞餐饮管理有限公司

2017年8月25日

当日下午2时许，海底捞官方微博就此事发表公开声明，在声明中主动承认媒体报道属实，并为此致歉。

关于海底捞火锅北京劲松店、北京太阳宫店事件处理通报

海底捞各门店：

今天有媒体报道我公司北京劲松店、北京太阳宫店后厨出现老鼠、餐具清洗、使用及下水道疏通等存在卫生隐患等问题。经公司调查，认为媒体报道中披露的问题属实。

公司决定采取以下措施：

1、北京劲松店、北京太阳宫店主动停业整改、全面彻查；并聘请第三方公司，对下水道、屋顶等各个卫生死角排查除鼠；责任人：公司副总经理谢英；

2、组织所有门店立即排查，避免类似情况发生；主动向政府主管部门汇报事情调查经过及处理建议；积极配合政府部门监管要求，开展阳光餐饮工作，做到明厨亮灶，信息化、可视化，对现有监控设备进行硬件升级，实现网络化监控；责任人：公司总经理杨小丽；

3、欢迎顾客、媒体朋友和管理部门前往海底捞门店检查监督，并对我们的工作提出修改意见；责任人：公司副总经理杨斌；联系电话：4009107107；

4、迅速与我们合作的第三方虫害治理公司从新技术的运用，以及门店设计等方向研究整改措施；责任人：公司董事施永宏；

5、海外门店依据当地法律法规，同步进行严查整改；责任人：公司董事苟轶群、袁华强；

6、涉事停业的两家门店的干部和职工无需恐慌，你们只需按照制度要求进行整改并承担相应的责任。该类事件的发生，更多的是公司深层次的管理问题，主要责任由公司董事会承担；

7、各门店在此次整改活动中，应依据所在国家、地区的法律法规，以及公司相关规定进行整改。

四川海底捞餐饮股份有限公司

2017年8月25日

当日下午 5 时许，海底捞迅速发布对涉事分店的处理通报与海底捞整改措施，通报中明确指出：①两店主动停业整顿，全面彻查；②组织所有门店立即排查；③欢迎顾客与媒体朋友继续监督；④迅速与第三方虫害治理公司一起通过运用新技术、优化门店设计等手段进行整改；⑤海外门店同步严查整改；⑥涉事的两家门店的干部与职工无需恐慌，公司将从管理层面解决问题；⑦各门店依据法律法规进行整改。这是一则颇具“海底捞”风格的整改措施，既回答了顾客所关心的几大问题，又照顾到了员工的情绪，全面且不失温暖。并且，每一项措施都明确了相关责任人。

关于积极落实整改，主动接受社会监督的声明

8 月 26 日，北京市食品药品监督管理局再次约谈我公司华北地区负责人，通报了对我公司北京各门店监督检查的情况和发现的问题。我公司董事会非常重视，对约谈的内容我们全部接受，同时对媒体和社会公众对我公司门店指出的问题和建议，我们一并虚心接受，全部纳入我们的整改措施。

一、我公司将全面加强员工培训，并以此为案例，对管理体系进行全面梳理，完善各项工作制度，自上而下责任到人，本着对消费者和社会公众负责的态度，把整改措施落实到位，用我们的实际行动来赢得广大消费者和社会公众对我公司的认可，维护好企业的品牌。

二、我公司将本着真诚的态度，积极落实整改措施，并将整改效果透明化、公开化。希望消费者及媒体的朋友关注我们的实际行动。公司本着不回避责任，坦诚面对的态度，通过整改，体现我们的责任；严格落实整改时限；不辜负消费者对我们的信任和支持，我们将邀请社会公众一同监督我们的整改落实情况。

三、我公司将积极参加北京市正在倡导推行的阳光餐饮工程，主动将北京市及全国所有门店实现后厨操作可视化，接受媒体和广大消费者对我们的社会监督。

四川海底捞餐饮股份有限公司

2017 年 8 月 27 日

事件发生第3天，8月27日下午3时，海底捞官网再次发布《关于积极落实整改，主动接受社会监督的声明》，表示对北京食药监局的约谈内容全部接受，同时将媒体和社会公众指出的问题和建议，全部纳入整改措施。

至此，海底捞后厨卫生事件开始出现“神转折”，大波原本参与“讨伐”的顾客开始“倒戈”，甚至为海底捞此次的危机处理态度点赞：第一次看见这么有担当的声明，没有一味推卸责任；保护员工，承认错误，积极改正，说真的挺棒的；比起那些出现问题后逃避责任的企业，不知道好多少倍；这么有担当的企业，如果倒下就可惜了……触及公众最为关注的食品安全红线，海底捞却能迅速脱险，虽然不乏一些媒体、网友的批评，但整个舆论环境在向好的方向发展。海底捞的此次危机公关可谓可圈可点。

（1）迅速反应，防止事态进一步扩大；

（2）秉承海底捞一贯的风格，尽可能照顾到各方面的情绪；

（3）态度认真负责，整改措施细致入微。

正是因为在公关方面的出色表现，几乎在事件曝光的当天，舆论就开始向良性的方向发展。

尽可能快速地让危机消弭于无形，甚至将危机扼杀于萌芽状态，这次，海底捞又为餐饮业做了一次“防危杜渐”的表率，他们提出的“这锅我背，这错我改，员工我养”的策略也成为危机公关的“范文”。不得不提的是，对于任何餐饮企业，包括海底捞，最好的“防危杜渐”手段还是内部管理的加强与完善。

某快餐连锁品牌“消毒水事件”

2002 年 7 月 12 日，两名顾客在广州某快餐连锁品牌分店用餐时发现红茶中有极浓的消毒水味道，当即将情况反映给了该店的工作人员。现场的副经理对此解释说应该是店员前一天对烧开水大壶进行消毒清洗时，有消毒水残留所致。这位副经理同时表示，顾客可以对此提出赔偿要求。此时顾客对店方的处理方案还都比较满意，并耐心等待餐厅方面的最终处理方案。

然而，7 点 15 分就已得到通知的该店店长与地区督导在 9 点多才相继出现，且在两个多小时的等待时间内员工与顾客多次发生争执，顾客的所有耐性已被消磨殆尽。随后，两位顾客向店方提出就此事件向消费者做出合理解释、合理答复、合理赔偿的要求，而店方给出的解决方案是向两位顾客各赔偿 500 元，却拒绝对事件做进一步调查。最终，想仅仅赔钱了事的店方被身为记者的两位顾客曝光至媒体，引起了全民声讨，该快餐连锁品牌一时间遭受质疑，被推向了风口浪尖。

而在全民讨伐的过程中，该快餐连锁品牌在此事件中却表现得异常“沉稳”，在一周之后才发表了一篇百字《声明》，在《声明》中广泛使用官方语言称该品牌餐厅严格遵守政府有关部门对食品安全的所有规定与要求，并保证其提供的每一项产品都是高质量且安全的。而有网友调侃这则《声明》其实就是大写的“我没错”。《声明》发出之后，事件再次发酵，各大媒体开始参与其中，对其进行口诛笔伐，也因此成就了一个“因小失大”的危机公关典型。

在事件中，店方有多次机会消除危机或是减少损失，缩减社会影响。然而，店方却一次次地错过了。任其员工与顾客发生口角，店方失去了在事件前期取得顾客谅解的机会；让员工和顾客在快节奏的现代社会等待了两个多小时，店方也失去了让顾客心平气和听餐厅解释的机会；拒绝对事件本身做调查，店方在事件中慢慢失去话语权；而缺乏诚意的《声明》，让该快餐连锁品牌彻底陷于被动。

从表面来看，顾客在此事件中处处被动，然而，就全局来看，餐厅忽视与怠慢顾客的诉求，哪怕是一个毫不起眼的细微事件，也有可能引发重大危机，最终让餐厅处于被动局面。

由此可见，对舆情进行实时的把控，拥有对舆情科学理性的分析能力，对餐企来说有多么重要，其中以小见大、由此及彼，正是餐企分析舆情的基本功力。

【总结】

通过以上案例，我们不难发现，很多时候，餐厅完全有时间、有机会可以主动地“杜绝”危机事件的发生。只是在这场“先行”的危机公关行动中，有些餐厅不知道“危”在何处，缺乏对潜在危机的正确认知。那么，餐厅究竟该如何“防微杜渐”，并以正确的公关行为指导餐厅日常经营，笔者总结有以下 4 个步骤。

1．建立预警机制

这么做的目的是让餐企及时掌握舆情动向，能够像上述案例中的茶餐厅一样，在负面信息出现时做出及时响应与处理。目前，建立预警机制常用以下 3 种渠道。

（1）网络平台自带的后台监控

在茶餐厅案例中，餐厅能够在 12 小时之内发现负面信息，并寻找到负面信息的来源，很大程度上就得益于微博后台的关键词监控功能。同微博一样，一些自媒体网络平台自带关键词监控功能，那么，餐厅就可以利用此项功能针对一些关键词进行实时监控，杜绝自媒体出现“危机”但餐厅全然不知的情况发生。

（2）使用一些必要的“工具”

业内很多人称这种“工具”为“保姆式”的服务，即这些舆情监测软件不仅提供全网监控的预警服务，同时还会针对餐厅的负面信息存在情况进行合理分析，并给出优化关键词、压制负面舆论、正面引导等方面的合理建议。这种用于网络监测的软件早在前几年就已经被很多餐企尝试着用于运营之中，目前市面上的网络监测软件并不少，餐厅大可根据具体功能挑选真正适合自家餐厅的舆情监测软件。

（3）借“外力”进行专业操控

这是很多餐企最常用的公关手法，就是将公关事宜全权外包给专业的公关公司。对中小型餐企来说，可能没有必要或者还不具备支撑一个专业公关部门的能力，那么，以相对较少的成本将公关事宜外包给公关公司，堪称是一个两全齐美的办法。此外，这么做也有利于餐企将节省的精力用于餐厅的核心经营上。

2．建立处理事件的有效机制

在茶餐厅的案例中，我们不难窥探到它的危机处理流程：舆情监控 — 舆情反馈 — 指定人选负责顾客沟通与跟进处理 — 各部门积极配合解决。这么一个快速、直接、有效的处理流程，源于餐厅内部事先建立的有效机制。包括在出现舆情时向何人反馈，由何人以什么样的说辞与消费者沟通，各部门如何协作完成解决方案等，也正是因为有了这样的机制，茶餐厅才能有条不紊地处理好危机，并得到用户的肯定。

而一套有效的危机处理机制会涉及两大“明确”，一是明确处理流程，让员工在面对危机时做到“心中有数”，能够快速且正确地做出相应的反应；二是明确人员责任，责任到人，从根源上杜绝常见的相互推卸，拖拉延迟情况的发生。

3．培养“全民”危机意识

在某快餐连锁品牌消毒水事件中，我们看到，在事情发生之后，店内员工不仅没有对消费者进行有效的安抚，甚至“据理力争”，多次与消费者发生口角。而在餐饮业，这样的情况并不鲜见。有些时候，并不是危机公关的负责人不作为，而是第一时间经历事件并处理事件的现场员工对危机视而不见、隐而不报，或是低估了危机的爆发力，才导致恶劣影响的一步步扩大。而出现这类现象的根本原因，就是缺乏基本的危机意识和公关意识。

所以，餐企就要努力打造一个“全民”参与的危机公关模式，提高员工危机意识，让员工去熟悉处理流程，掌握一定的“公关语言”，并让员工掌握一定的危机事件辨别能力。这么做的目的是在专业公关人员接触到事件之前，不至于让危机在其他员工手中升级。

4．与公众一起打一场“持久战”

如今，很多消费者已经习惯于通过微信公众号去关注商家的最新动态，而商家也是通过丰富且别出心裁的内容来吸引消费者关注的，其中，不乏在微信公众号或微博中与消费者达成良好互动的商家。其实，这便是当下餐厅维护公众关系的绝佳途径，且这是一场名副其实的“持久战”。一般来说，餐企会在这场“战役”中让专业的人去运营餐企的微博、微信公众号等平台，通过不断地制造并引导话题方向，与用户进行互动交流等方式，来达到提高餐厅口碑，塑造良好品牌形象的目的。

站在危机公关的角度，这场“持久战”对餐厅也是意义重大。除了可以提升口碑与品牌形象之外，还能让餐企打入消费者内部，第一时间获得“第一手资料”，用于餐厅的经营改善和提前消除潜在危机。同时，也让舆论引导与《声明》之类的“自我辩解”有了一个更自然、消费者更易接收与接受的渠道。

第二招　唯快不破

【解读】

唯快不破，如同我们平时所讲的“快刀斩乱麻”，讲究在第一时间果断出手，快速解决危机。具体来讲，就是在危机的初始状态下，餐厅应快速出手掌握主动权，把握住解决危机的最佳时机。

在危机公关中，以速度取胜向来被认为是一条黄金定律。从某种程度上来讲，速度就代表着企业态度，象征着企业的公关能力。所以，在很多《声明》和《公示》中，我们经常见到一些“第一时间”“立即”“马上”等字眼，其实就是为了从速度上彰显企业对于危机处理的积极态度，这也是获取消费者谅解的第一步。

“唯快不破”讲究速战速决。速战是为了争取到更多的空间与时间，从而减少危机处理的费用与时间成本；而速决则是为了防止事态进一步扩大，尽可能地减少危机给企业带来的损失。因此，无论是餐饮业还是其他行业，在一些成功的危机公关案例中，“速度”总是占据着至关重要的地位。

【案例】

肯德基的苏丹红事件为何能“来去如风”

先来看看这个曾经震惊世界的苏丹红事件的始末。

2005 年 2 月 18 日，英国最大的食品制造商的产品中发现了被欧盟禁用的“苏丹红一号”色素，下架食品达 500 余种。

2月23日，国家质检总局发出紧急通知，要求各地质检部门加强对含有“苏丹红一号”食品的检验监管，严防含有“苏丹红一号”的食品进入中国市场。紧接着，肯德基所属的百胜集团就立即要求供应商对相关调料进行检测，并提供书面结果。

3月4日，有关部门从某品牌辣椒酱中检出苏丹红一号成分，并确认此成分来源于广州田洋食品有限公司。紧随其后，百胜再次要求所有供应商继续排查“苏丹红一号”，并将这次的重点排查对象锁定在国内原料上。

3月15日，百胜集团在肯德基新奥尔良烤翅与新奥尔良烤鸡腿堡调料中发现了微量苏丹红一号成分。

3月16日，百胜集团要求全国所有肯德基餐厅停止售卖新奥尔良烤翅和新奥尔良鸡腿堡两种产品。与此同时，肯德基的内部处理流程与致歉声明发布同时启动，一方面向公众保证将对剩余问题调料全部销毁，以防再次流入餐厅；另一方面通过媒体与餐厅发布了一条《有关苏丹红（一号）问题的声明》，向广大消费者郑重道歉。

3月17日，百胜品控人员在基快富工厂进一步追查苏丹红时，在生产记录中发现宏芳香料中也含有苏丹红成分，此调料被用于肯德基香辣鸡翅、香辣鸡腿堡和劲爆鸡米花的制作。肯德基方面立即通知所有餐厅停止使用此调料，同时公示其使用的新调料品牌。

3月18日，检验报告证实该基快富调料中含有苏丹红成分。同时，百胜集团要求肯德基将替换后的新调料送交检测，并要求在检测期间北京肯德基停止销售新奥尔良烤翅、新奥尔良烤鸡腿堡、香辣鸡翅等涉事餐品。

3月22日，新调料经相关部门权威检测确认不含苏丹红，肯德基随即恢复销售。

3月28日，肯德基在全国16个城市同时召开新闻发布会，向消费者公示肯德基几百种相关品项的专业机构检测结果，以此证实所有产品不含苏丹红，并向公众公示了三项食品安全措施。

至此，用了一个多月的时间，肯德基与相关部门“一起”让苏丹红事件缓缓落下帷幕。采用提前“自检”、频频自曝的形式，用一种“与时间赛跑”的态度，肯德基把一场危机的“起点”变成了“终点”。在这场行业危机中，对品牌来说，民众看中的已经不仅仅是结果，还有企业在事件处理中的态度。而百胜集团第一时间进行自检，并公示真实结果，正是用速度表现出了它的积极与真诚。其中，肯德基在此事件中的3个表现堪称危机公关的“典范”：

（1）及时响应危机或潜在危机，并拿出切实可行的解决方案；

（2）化被动为主动，积极配合相关部门的调查；

（3）企业内部联动，快速启动内部协作机制。

事实证明，对于那些躲不掉的危机，快速正面迎战才是最好的解决方式。

黄太吉用“3个小时”就化解了一场危机

2016年2月3日，7点24分左右，《创业家》杂志的官方微信上发布了一篇文章，曝黄太吉融资失败濒临倒闭。对于这个善于运用互联网思维运作餐饮的品牌，网友们对于黄太吉的关注度一直都颇高。所以，文章一经发出，就立即引来了大波网友围观，甚至有段子手迅速发声，称再不与黄太吉告别就晚了。

8点32分，正当网友们奋力刷“早班新闻”并要对此新闻“信以为真”的时候，黄太吉创始人赫畅发布了一条“朋友圈”，具体内容如下：“××i黑马，创业家，放100个心，你们倒闭了我们也倒闭不了。真是爱黑啊，以讹传讹转发500可以起诉了吧？我们的B轮融资全部于2015年10月21日到账，FA为投中集团，每一轮融资需要全部股东签字认可，股东包括分享资本、盛景基金、徐小平、李明远、李善友、王峰、李学凌、沈亚……创业本是挑战自我的过程，却还要应对这种无良媒体的挑衅。”措辞之激励可见赫畅当时的愤怒。

9点50分左右，《创业家》杂志创始人牛文文在讨论群中回应：“我们不严谨，并向赫畅道歉。”

10点27分左右，黄太吉方面将反映事件发生始末的截图发布到微博，称此事到此为止。

从7点24分至10点27分，三个小时的时间，一场已然引发轩然大波的危机事件就这样以“重拿轻放”的形式，悄然落下帷幕。事后，还有网友调侃说前几个小时的“热闹”就仿佛做了一场梦，醒来发现什么也没发生过。同样，在这个案例中，“高速”依然显示出了它的“非常意义”，其中有3点就特别值得餐饮人借鉴或学习。

（1）快速“辟谣”，在最短的时间内拿出有力武器防止事态进一步扩大。

（2）用一些“特别”的方法快速引起网友关注，譬如有网友认为赫畅的“脏话”实在是有损其形象，但是谁又能否认就是因为这些颇具争议、言辞激烈的话语才吸引了更多网友的关注呢。

（3）《创业家》第一时间道歉，试想如果《创业家》没有道歉，黄太吉方继续追责，《创业家》方再针对赫畅带有“侮辱”性的言语进行更多发声，那么，这场黄太吉单方面的危机事件就有可能演变成为一个《创业家》失实报道与黄太吉创始人出口伤人的“双向”危机事件，无论从哪一个层面来说，都得不偿失。《创业家》的及时道歉也成为化解这场危机的关键节点。

在这个信息化的时代，一切细小的危机都有可能在下一秒发生不可预见的裂变，危机公关的快节奏化已经是大势所趋，同时也是大势所“逼”。

陷入“灭顶之灾”的百事可乐如何转危为机

其实，“闪电式”的危机公关理念早已为企业所熟知。早在1993年的百事可乐注射器事件中，我们就可窥探到速度在危机公关中的重要性。

此次危机的源头来自于西雅图一家电视台报道称当地一对夫妇在百事可乐中发现了一支注射器针头，第二天，临近地区的一位妇女也表示发现了针头，此后，陆续有来自不同地区的人曝出在百事可乐里发现注射器针头，一时之间，百事可乐因医疗器械污染遭遇了一场“灭顶之灾”。

然而，仅用了10天时间，百事可乐就完成了一场华丽逆袭。首先，百事可乐在第一时间就利用各种渠道展开深入调查，同时，买断各大权威电视台的黄金时段，对百事可乐流水线生产镜头下一名妇女正在往可乐瓶中塞针头的画面等“证据”进行播放，数百个电视台同时播放，近亿人次观看。百事可乐公司用最短的时间向公众力证，这仅仅是一场“骗局”。在事件得以澄清之后，百事可乐创下了五年来的最高销售纪录。

所以，所谓“危机”，“危”与“机”并存，没有落幕之前，又焉知“危”不能转为“机”呢？

【总结】

通过以上案例，我们不难总结出，迅速出招，出其不意，是危机公关中的关键要素。那么，在“唯快不破”的招数中，又有哪些注意事项？

1．对危机保有一定的敏感度

在肯德基苏丹红事件中，我们看到肯德基处处“领先一步”，在相关部门还未发布调查结果之时，肯德基就已开启了“自检”模式。这便来源于百胜集团敏感的危机嗅觉，它在这场全球性的“自检”行动中预见到了即将到来的可怕危机。事实也证明，在苏丹红事件的涉事餐企中，极少有像肯德基一样，明明“犯事”了却依然留住了消费者信任的品牌。

这意味着，先人一步，提升速度，就必须对危机保有一定的敏感度，加强对潜在危机的精准“嗅觉”，以及对已经存在的负面信息的分析能力。同时，在更多时候，餐企还需要快速响应相关部门的下一步动作，以此来作为决策的重要依据，这会让解决方案更加“科学”。

2．把握“黄金24小时”与“昼夜之分”

在黄太吉事件中，仅用了三个小时就解决了一场危机，速度之快超乎想象。其实，在餐饮业，一直都存在着危机公关“黄金24小时”的说法，即在事件发生后24小时之内最好给出回应。

而在“黄金24小时”中，还需要特意强调下“昼夜之分”。在人们的惯性思维中，昼夜之间存在着一个强大的分割线，而一些危机事件就往往会在容易被企业忽视的“夜里”持续发酵。那么，如果说将“黄金24小时”再次精确一下，那就是“当日解决”与“黎明前解决”，即白天发生的事件最好不要让它过夜，而夜里发生的事情，则最好在第二日12点之前进行回应。当然，在一些传播性极强的危机事件中，最佳的处理时机应在 2 小时之内。

3．最佳解决方案还需要最佳的传播途径

肯德基的 16 城新闻发布会，黄太吉的自媒体，百事可乐的权威媒体，仔细观察下来，它们的“速度”都匹配了非常优质的传播“载体”，这让它们的声明、证据等解决方案能迅速传播出去，并扭转舆论导向，真正化解危机。

大多数危机均来源于事件本身使公众对餐企产生了认知偏差，要重新“拉回”这些偏差，就必须通过迅速且真实的调查结果和一系列证据证明自己。因此，餐企首先要做的就是将这些结果、证据等在最短的时间内尽可能传达给更多的公众，通过类似微博、微信、电视、网络新闻媒体等渠道，为解决方案找到一个利于传播的最佳途径，才能让更多的人纠正认知偏差。

4．精准把握公众所关注的“问题点”

在失败的危机公关案例中，总是不乏一些“顾左右而言他”的企业，试图以此转移公众的注意力。而事实上，在危机公关中，正面出击才是吸引公众关注，取得公众谅解的正确方法。所以，餐企在处理事件时，要精准把握公众所关注的“焦点”，而后再针对焦点各个击破，即在“快”“准”之后才能造就“狠”，切中要害，重新引导舆论风向，方能快速解决问题。

总之，在“唯快不破”的招数中，与其说是通过速度化被动为主动，在处理过程中重新夺回主动权，不如说是每一个危机事件都不会留给餐企太多的反应时间，只有不断地加快解决速度，才能让餐企在有限的时间里摆脱危机。

第三招　统一口径

【解读】

统一口径指餐厅在面对危机问题时，应采取统一的态度和说辞，只有这样才能清晰地引导公众一步步走向“真相”。否则，一旦在危机处理过程中出现前后矛盾、里外不一等现象，就会让公众期待的真相愈加扑朔迷离，这样不仅会使危机进一步发酵扩散，还会给餐企带来短时间内难以弥补的信任危机。

然而，统一口径对于很多餐企来讲，均是说来容易做来难。我们发现，当真正的危机来袭时，很多餐企会陷入混乱甚至恐慌之中，而此时，一旦各个部门没能有效协调起来，有人认错，有人坚持己见，在危机处理的过程中“杂音”不断，往往就会被公众认定为“错上加错”，也因此为品牌盖上“逃避责任”的嫌疑。

因此，餐企在决定对危机事件公开回应之前，必须事先统一口径，有组织、有计划地对外发声，避免因恐慌而自乱阵脚。

【案例】

“人类无法阻止”的海底捞也在“小心翼翼”地组织语言

2011 年 8 月 22 日，海底捞被媒体曝出骨汤勾兑、产品不称重、偷吃等问题，消息一出，立即被各大媒体转载报道，一时引起轩然大波。

消息曝出的当天下午 15:02，海底捞方面针对勾兑门事件通过官网与官方微博两大平台首次发声，发出《关于媒体报道事件的说明》，以诚恳的措辞承认勾兑事实及其他存在的问题。同时感谢媒体的监督，承诺将对勾兑问题进行客观澄清。此《声明》发出之后，一些用户就开始“突转风向”，表示海底捞的认错态度可以接受。

在首次声明发出的一个小时后，海底捞官网与官方微博又同时发出了一条《海底捞关于食品添加剂公示备案情况的通报》，其中，在通报中多次用到“多年厚爱、诚惶诚恐”等词语，依旧延续之前的诚恳认错态度。

8月23日，就在事件发生的第二天中午12:00，海底捞官网及官方微博发出《海底捞就顾客和媒体等各界关心问题的说明》，进一步就勾兑问题及员工采访问题进行一一回复与重点解释，依然采取不隐瞒、不回避的统一态度。至此，海底捞的勾兑门事件在很多消费者心目中已经“告一段落”。

而8月23日晚20:00，海底捞掌门人张勇却针对此事件再度发声，内容如下：“菜品不称重、偷吃等根源在于流程落实不到位，我还要难过地告诉大家我从未真正杜绝这些现象。责任在管理不在青岛店，我不会因此次危机发生追查责任，我已派心理辅导师到青岛，以防该店员工压力太大。对饮料和白味汤底的合法性，我给予充分保证，虽不敢承诺每一个单元的农产品都先检验再上桌，但责任一定该我承担。”后来，这篇微博被奉为危机公关的“范文”，张弛有度，温暖有余，很多消费者称人性的海底捞就该对此事件有着人性的解决方案，那张勇的这篇微博也算是意料之外，情理之中了。

作为一家“人类已经无法阻止”的餐饮品牌，海底捞在很多消费者的心目中已经被“神化”，而正所谓福兮祸所伏，祸兮福所倚，超高的知名度也注定让海底捞的危机传播来得更加势不可挡。纵观此次危机公关案例，海底捞的成功不仅仅来源于它的快速回应，在“统一口径”方面的表现也堪称亮眼。

（1）以从一而终的诚恳态度，主动承认错误的统一措辞，利用官网、官方微博、负责人微博等渠道统一发出。

（2）通过统一的声明对各大问题进行整合回答，尽可能减少因意见不同、措辞不一而产生的纰漏。

（3）尽可能地站在公正的位置，从消费者的角度出发，精心设计对外说辞。

同时，在本次事件中，我们也看到了一个与海底捞服务一脉相承的危机公关基调“真诚、迅速、温情”。

某明星也犯了口径不统一的“自打脸”错误

2017 年 3 月 22 日，新京报官方微博报道哈尔滨一鸭血加工厂用牛血兑水冒充鸭血，产品直供给了某明星所开的火锅店。消息一出，大批网友站出来表示：“这脸打得不要太快太响亮！”

因为，该火锅店的服务员一直坚称该店的“鸭血”是由四川空运过来的，且是“一天一运”。而该明星也曾向消费者表示：“开火锅店首先要做到食材卫生，不用鸭肉去装羊肉，不用鸭肉去装牛肉，这是一个人的道德。”

随后，在有关记者的采访中，该火锅店哈尔滨分店的负责人表示：“我们被送货商骗了，他们在坑我们企业，我们对食品（安全）要求非常严格。”而在相关记者对送货商的采访中，对方表示，店家对“自己送的是牛血”早就知晓。也就是说，牛血充鸭血的行为极有可能是被店方默许的，这前后不一，太值得公众玩味了。

23 日下午，该明星发文就假冒鸭血事件进行回应，他表示“知道实情后十分震惊”，在向广大消费者道歉的同时表示：“我本人愿意接受大众的监督，对接下来火锅店的运营以及管理进行严格的监管。最后，我和火锅店会承担起全部责任。”然而，很多网友对此并不买账，认为之前“前后不一”的自打脸行为已经让他们对该火锅店失去了信心。

据了解，“鸭血”事件发生后，各个火锅分店的生意均受到不同程度的影响，且总部于事件发生后不久宣布暂停加盟业务并开展内部整顿，可见，此次危机事件对其的影响非同一般。

通过上述假冒鸭血事件，我们不难得知，在危机公关中的统一口径，不仅仅指的是在危机发生之后，也包括经营行为的前后一致，实际经营与对外宣传的统一等，否则，“口径不一”一旦露馅，带给品牌的伤害将是巨大的，甚至可能不可逆转。

【总结】

在危机公关中，“统一口径”所指的绝不仅是危机出现时的对外发言或声明，互联网和通信的发达与无处不在的“自媒体”监督，决定了“统一口径”应该具备更多层次的含义，具体表现在以下 4 个方面。

1．统一说辞

这是统一口径的最基本要素，就是当危机来袭时，对外统一说辞。而统一说辞要注意两大方面。

一是对内与对外统一说辞。很多企业在危机发生时的第一反应就是“捂”，对内部员工三令五申要掩盖真相，在对外声明中又换成另一幅温和的面孔，声明企业不存在任何问题。而事实上，靠“捂”带来的安稳不会长久，当纸包不住火时，往往会成为助燃剂，让危机之火燃烧得更为猛烈。

二是前后统一说辞。我们在很多案例中都见到这样的情况，第一天董事长出来发言说，此事我们没有责任；第二天公关经理又跑出来说企业负有一定的责任，前后不同的声明，让公众到底听谁的好？此时，餐企要非常清楚，公众一定会选择其中最坏的结果进行传播，并且会越传越坏。

2．统一步调

餐企之所以出现说辞不一，很多时候就是因为在处理危机时，没有事先统一步调。在处理危机的过程中，可能有领导与媒体发言人的对外声明，但同时，也有记者嗅到新闻价值后的明察暗访。所以，参与危机处理的人就不能仅限于相关领导与公关代表，可能还有被动参与的普通员工。

那么，如何做到让他们统一措辞、统一发声呢？最好的方法就是让步调统一起来。在危机发生时，第一时间要做的不是让公关部门赶快发出相关声明，而是让统一的声明以最快的速度传达至员工手里，让每一位潜在的参与人员在第一时间领会“精神”。而后，在统一的步调下，不管是被暗访还是接受明访，都紧跟公司统一的公关解决方案，最大极限地表达企业的立场，尽可能地挽回企业的公众形象。

3. 统一经营

这里要讲的是“预防”层面的事情，餐厅要让实际运营情况与对外声明 / 广告保持一致，通俗来讲就是要对“曾经说过的话”负责到底。否则，那些已经“广而告之”的保证、宣传语等，就会变成一颗颗定时炸弹，随时可能引爆。

相较于那些没有“前后反差”的危机，这种因为没有“统一经营”而爆发的危机，杀伤力将更为巨大。拿鸭血事件来讲，如果没有该明星之前所谓的“保证”，也不会引起这么多的关注，公众或许就不会如此愤怒。我们发现，很多媒体关注的关键点根本不在鸭血事件本身，而在于该明星因没有“统一经营”而陷入“自打脸”的境地。这就充分说明了“统一经营”在危机公关中的重要性。

4. 统一事实

出色的危机解决方案一定不是教会企业如何逃避责任，而是带领企业如何直面错误，然后通过解决错误重拾公众信任。

当危机发生时，企业在统一说辞与统一步调之前，首先要做的是统一事实，让所有的解决方案围绕着事实进行，而不是一味地辩解与逃避应负的责任。否则，只会让消费者对企业渐渐失去耐心，同时，也会为企业留下没有责任担当的负面形象。因此，所有的“统一口径”，必须建立在“统一事实”的基础之上。

第四招　开诚布公

【解读】

开诚布公，也可以理解为公开透明，即在危机处理中怀着坦诚的态度，站在客观公正的角度，通过让真相暴露在阳光下的行为去获得公众的谅解。而在危机公关中，开诚布公被认为是赢回消费者信任的关键一环。

众所周知，消费者对其购买、使用的商品或者接受的服务的真实情况有知情权。那么，开诚布公就是围绕着消费者的"知情权"来做文章。当危机事件来临时，餐企与其绞尽脑汁想尽办法去掩盖真相，不如坦诚一点、透明一点，让媒体与公众跟随企业的脚步去了解事件的真相。

如此一来，既可以表达餐企在危机事件处理时诚实恳切的态度，也可以让企业尽可能地掌握舆论风向的主动权，更能最大限度地重拾消费者信任，阻止谣言的进一步裂变，防止猜疑范围的持续扩大。

【案例】

为何用户对某连锁餐厅关于"回锅油事件"的回应不买账

2011年，某连锁餐厅接连被曝出死鱼替换活鱼、餐厨不消毒、回锅油等危机事件，对于这些事件，店方虽均在第一时间发表声明予以否认，然而调查结果却显示，超九成的网友对店方的回应并不买账，甚至有消费者直指店方就是在推卸责任。

以当时影响广泛的回锅油事件为例，事件起于一次记者的暗访。在暗访中，记者就水煮类菜品的剩油处理问题提出质疑，询问该餐厅某分店经理餐厅会如何避免使用回锅油，而这位经理当时的回答令人颇感“意外”，他表示：“像我们这边的水煮鱼，这个油都是我们员工自己用了，客人那边绝对不会使用。老板省嘛，不过这个油回收之后，员工用之前都是需要高温加热的。”当记者再追问餐厅又是怎么保证回锅油不会被端上客人的餐桌？难道仅凭口头承诺吗？经理轻松回答：“对，对！”

事件曝出后，很多网友调侃该餐厅用了一位“善于自黑”的经理，而更多的网友则将问题聚焦在难道员工就“活该干了这碗‘毒油’？”。至此，该连锁餐厅管理不够人性化的问题随即被网友拿出来热议，另外还有一部分网友认为经理的回答“猫腻”太大，并拿出“数据”分析，表示即便每天仅出餐20份水煮类菜品，它的剩油量也相当可观，于是，有网友直接质问餐厅方面难道你家员工是从早餐到晚餐，顿顿都要吃回锅油的吗？

对此，官方发表声明澄清，表示涉事分店是一个已解除合作关系的侵权“加盟店”，该连锁餐厅某负责人也在个人微博上对此事做出回应：“不管是假加盟店还是真的，已解除加盟的还是正在解除的，我还是要向那些光顾的客人们和那里正在工作的员工们道歉。”此微博发出之后，不但没有将此前的言论压制下去，反而引发了另一波热烈讨论。对于这个涉事分店到底是加盟店还是正在解约的加盟店，抑或是已经解约的加盟店，网友们表示傻傻看不清楚。此时，已有网友开始调侃店方的危机处理方案是“无事是加盟店，出事则解约店”。至此，我们看到，此次的危机处理已然宣告失败。

那么，店方这次到底“败”在哪里呢？看时间，回应足够迅速；看方案，各方面的协调力度也不错，其实，它最大的症结就在于不够坦诚。无论是分店经理给暗访记者的回答，还是事发之后餐厅方面的回应与声明，总给人留下处处遮遮掩掩的感觉，特别对于分店经理的言辞，实在是不甚高明的遮掩。

然而，对于危机事件来说，往往是越想遮越遮不住，越辩解公众的“逆反”

心理就越强烈。所以，这次回锅油事件没有“开诚布公”的直接后果就是餐厅的品牌形象大打折扣，对品牌造成了不可逆转的负面影响。

一杯水毁了一个知名餐企

2016 年 2 月 13 日晚，有网友发布了这样一则视频，在视频中，一名身穿工作服的女性服务员打开保温桶的盖子，并将一个半透明塑料杯子里的水倒进了保温桶，内容直接导向服务员将客人喝剩的水“回收再利用”。这个视频的拍摄地点就在某知名餐厅，视频发出之后，也在一定程度上引起了网友的小范围议论，但在发出后的几个小时内，“一杯水”引发的危机其实并未真正爆发，危机真正出现“井喷”式发展是在餐厅方面做出回应之后。

2 月 14 日，餐厅的回应算得上及时，当时事件的关注度还并不是太高，其声明称，这是“一次误会事件”，视频中的水是“为客人预先准备的干净饮用水倒入热水桶再次加热，并非网上所强调的是客人喝剩下的水。”然而，就是这样一则声明，让网友们真正“沸腾”了起来，网友的讨论焦点一下子从“剩水再利用”转移到“干净水再加热”的问题上。在一片“换公关”的呼声中，很多网友表示：“这种借口不如不发，太扯淡了！”“你家倒进杯子里的水，凉了会再倒进暖壶吗？”总之，绝大多数网友认为，不是公关的“智商”让人着急，就是公关太小瞧了公众的智商，这样的辩解实在让人难以接受。也就是说，在处理问题时，餐厅方面并没有表现出知名餐企应有的大家风范，去主动诚恳地解决问题，而是将问题停留在肤浅的自我辩解阶段，略显小家子气。至此，仅仅因为一杯水，短时间内让很多消费者对该品牌餐厅失去了信心。

回顾本次事件，我们不难发现，在本次危机处理中，餐厅方面犯了三大明显且致命的错误。

（1）没有开诚布公地承认错误，反而意欲用一个可信度并不高的回应扭转公众的看法，结果事与愿违，这是错误的关键所在。

（2）在没有联系到当事人的情况下，餐厅方面抛开当事人自说自话地去处理事件。反之，如若可以从当事人入手做一场公开透明的澄清活动，所发出声明的可信度就会大大增加。

（3）声明内容经不起推敲，疑点太过明显，最终导致危机跟着声明一起被“再度加热”，站在危机公关的角度，正如网友所说，此声明不如不发。

可以说，一杯与就餐体验关系并不大的水和一份严重跑偏的声明，“毁”了一个知名餐企，让该品牌餐厅的生意大受冲击，品牌形象大打折扣。

“被卧底”的和合谷拿什么完成逆袭

2016 年 4 月 5 日晚京华时报刊登的一篇名为“和合谷废弃包子循环卖，员工如厕后直接做饭菜”的文章被媒体大量转载。文章指出，有关记者经过卧底调查后发现和合谷霄云路店存在将废弃包子加热后再卖，鸡肉疑似被更改标签再出售，以及部分员工如厕后不洗手便制作食品等食品安全与卫生问题。文章的刊出让很多网友颇感“猝不及防”，认为一向以“良心品质”自居的和合谷着实让消费者感到了被欺骗。一时之间，和合谷的安全与卫生问题成为热点话题。

就在文章刊登后不到 10 个小时，4 月 6 日的凌晨 3:28，北京和合谷餐饮管理有限公司通过企业官网、官方微博与官方微信三大渠道同时发表声明，称和合谷总部已经第一时间成立专项调查小组，到达该店铺就此事进行彻查，并表示如问题属实，和合谷总公司将严肃公正地处理。

与此同时，和合谷针对此事进行了郑重道歉，对给广大消费者带来的不安表示歉意，并承诺将持续跟进事件发展，并给公众一个满意的答复。此后，很多网友发现，和合谷开始用“图文并茂”的形式进行事件跟进，整个过程仿若一场“直播”，让网友及时知晓了事件调查的进度与结果。而和合谷公开透明的方式，以及积极诚恳的态度也获得了消费者的认可，很多网友表示愿意再度相信和合谷。

【总结】

通过以上 3 个案例，不难看出“开诚布公”和“公开透明”在危机公关中的重要性，那么，在公众眼里，什么样的方式才能算得上是真正的“开诚布公”呢？总体可以从以下 4 大维度来表现。

1．坚定正确的立场，态度鲜明

在发表声明或是表明态度时，企业首先要确保自己站在正确的立场上，否则，“三观不同”的声明或态度将很难获得公众的支持。

可以说，立场坚定、态度鲜明是开诚布公的前提。那么，拿什么来表明立场与态度呢？通常，餐企在危机事件发生后的第一时间里，当还没有充足的时间去搜集足够的澄清证据，并整理清晰的解决方案时，应先向公众表达一定的承诺来安抚公众情绪。

2．勇于公布真相，让谣言止于真相

太多的企业在面对危机时的第一反应是“掩盖事实”与“转移视线”，殊不知，向公众坦承真相，才是获得公众谅解的第一步。这么做的意义体现在如下 3 个方面。

一是保持在公众面前主动的话语权，在危机处理过程中，太多案例表明，如果让事件陷入一个又一个“朝阳群众”揭发的轮回中，餐企就丧失了在事件处理中的话语权，处处被动，节节败退。

二是努力为餐企争取一个有担当的正面形象，当危机负面来袭时，如若一味地遮遮掩掩，不肯坦诚事实真相，很容易被公众认为是想逃脱责任。

三是阻止各种谣言的进一步发酵，往往在真相未被公开之时，各种猜测的声音会充斥网络，其中不乏一些不利于企业的谣言，此时，公开真相是阻止谣言的最佳方法。

3．不失语、不隐瞒、不遮掩

如果将“开诚布公”总结为“三不箴言”，就是“不失语、不隐瞒、不遮掩”。即不在关键的问题处理节点上选择无谓的沉默，放任猜疑之声越来越大，是为不

失语；不在重要证据出现之后选择持续隐瞒，以至于让公众有机会自己去挖掘所谓的证据，使企业陷于被动，是为不隐瞒；不在公众接近真相时依旧选择遮掩，是为不遮掩。

4．让“开诚布公”的态度被更多消费者知道

有些时候，企业抱有“开诚布公”的态度，持有“公开透明”的信息，然而，却并未得到公众的太多回应，为什么？原因就在于，危机爆发传播范围与餐企危机解决方案传播范围不匹配。

举例来说，当危机事件被阅读量极大的权威媒体或平台曝光时，餐企若只选择在一些阅读量与转载量双低的媒体平台发表声明，那就有可能出现信息传达偏差，很多公众只知晓危机事件，却没有接收到餐企危机处理的信息。因此，餐企“开诚布公”时，要分析主流媒体传播渠道，善用媒体的力量发布声明，让更多消费者能够接收到企业对于危机公开透明的态度和解决方案，这样的“开诚布公”才能发挥它的真正价值。

第五招　铁证如山

【解读】

铁证如山，即向公众提供不易被撼动，极具公信力的证据，让真相曝光，让危机得到澄清，让谣言就此止步。言外之意，就是在危机处理中，选择用“有理有据”的事实说话，而所谓的“理”和“据”大多指的是由第三方介入完成的专家鉴定、权威部门认证、官方检测等。

大多数时候，自证清白很难，但通过第三方渠道证明却相对简单很多，因为在公众眼中，这些由权威专业的第三方介入的“证据”，相较于餐企自身的“自圆自话”更令人信服。

因此，在危机面前，邀请第三方权威机构介入，与餐企一起还原事实真相，既能减小餐企单方面的舆论压力，也是扭转“舆论导向”的关键动作。可以说，“铁证如山”是餐企转危为安的核心武器。

【案例】

“闹剧式”的周黑鸭罂粟壳门意外“严肃”收场

2016年1月21日，国家食品药品监督管理总局在其官网上发布了《关于35家餐饮服务单位经营的食品中检出罂粟壳成分的通告》，《通告》内容向大家公示了食品中含有罂粟碱、吗啡、可待因、那可丁、蒂巴因等罂粟壳成分的35家餐饮服务单位，存在涉嫌违法添加行为。其中，安徽省宿州市的两家“周黑鸭”赫然在列。一时间，网上便开始疯传“周黑鸭违禁使用罂粟壳”的新闻，周黑鸭因此深陷“罂粟壳门”危机。很多消费者在得知消息后表示相当震惊与失望，且当即表明态度称以后不会再吃“周黑鸭”。

紧随《通告》之后，湖北周黑鸭企业发展有限公司就通过官方微博发表了声明，称《通告》中涉及的“安徽省宿州市周黑鸭蒙路口店”“宿州市埇桥区慧鹏周黑鸭经营店”均与该公司不存在任何关系，即此“鸭”非彼“鸭”，这两家店均是“冒牌”的周黑鸭。与此同时，湖北周黑鸭方面强势表明立场，称将依法起诉并追究相关经营单位与责任人的法律责任，并且代表所有合法经营的食品企业强烈谴责各种肆意侵害知名企业商标权、名誉权等知识产权合法权益的违法行为。

与此同时，周黑鸭还“请”来了一位重磅“嘉宾”为其背书，那就是武汉市食药监局。1月21日当天，武汉市食药监局的官方微博上发布了一篇题为《安徽周黑鸭？你咋不说黄鹤楼也是你的！》的文章，以调侃的语气说明周黑鸭并未在安徽开设门店。并且，文中还特意指出，该市食品药品监管执法人员对湖北周黑鸭企业进行过多次检查，均未发现问题。

为进一步澄清事件，周黑鸭紧接着策划了一系列微博话题炒作，诸如#为什么受伤的总是鸭#、#一只鸭的委屈#等话题，获得了很高的关注。其中，#为什么受伤的总是鸭#更是雄霸微博社会类榜单第1名，热门榜第3名的位置，拥有4493.9万的阅读量。在一系列公关行动过后，我们看到，网友们开始纷纷对“躺枪”的周黑鸭表示“同情”，事件过后，周黑鸭的业绩不降反升。无疑，在公关的运作之下，周黑鸭“罂粟壳门”已经从一场危机演变为一次提升品牌形象的契机。

而在此次转危为机的公关事件中，湖北周黑鸭的4大表现堪称亮点：

（1）用端正、诚恳、严肃的态度首先表明立场；

（2）借助律师申请等手段增加声明的可信性；

（3）让政府部门为其背书；

（4）通过网络炒作扩大正面引导的范围。

被蟑螂“入侵”的庆丰包子铺何以力转局面

2015 年 9 月 15 日，有网友在微博上爆料称，在庆丰包子铺顺义国泰店用餐时吃出了蟑螂，并附上了一张蟑螂黏在包子底下的照片。

10 月 16 日，又有网友爆料在庆丰包子铺大慧寺店的醋里吃出多条腻虫。

一时之间，庆丰包子铺的食品安全卫生问题成为网友讨论的热点话题。对此，有网友毫不客气地指出，相较于餐具清洗不到位等卫生问题，庆丰包子铺的蟑螂与腻虫事件更让人无法原谅，仅仅是看图片就觉得异常恶心。

10 月 17 日，庆丰包子铺做出回应，通过其官方微博“庆丰包子铺总部”发表声明，称经庆丰包子铺总部调查核实，这两店铺均存在违反食品卫生规定的问题，并对涉事店铺采取停业整顿的举措。

10 月 19 日，庆丰包子铺再次针对事件发布微博，称庆丰包子铺连锁企业将聘请独立的检验认证机构——中国检验认证集团检验有限公司为食品安全把关。同时，庆丰包子铺在微博中还特别提到，中国检验认证集团检验有限公司（CCIC）多年来一直承担上千家大型企业食品安全评审工作，曾为 2008 年北京奥组委和 2010 年上海世博会特许商品品质管制服务指定服务商。

此外，庆丰包子铺通过官方微博还向公众承诺，从 10 月 18 日起，北京庆丰包子铺将对全部连锁店铺进行长达三个月的食品安全专项检查行动，并由 CCIC 和北京庆丰包子铺运营督导中心逐一进行复查。至此，很多网友开始表示期待庆丰包子铺的整顿效果。由此看来，庆丰包子铺已从危机中化险为夷。

而在庆丰包子铺处理危机的过程中，我们看到其中的一个关键因素就是第三方权威检测机构，而“借力”第三方权威检测机构，也被认为是在危机公关中向公众传达决心的重要手段。在庆丰包子铺的蟑螂与腻虫事件中，庆丰包子铺多次强调，甚至重点介绍 CCIC 的存在，其实就是为了向公众传达庆丰包子积极认错与整改的态度。显然，相较于单纯的口头承诺，公众更愿意相信第三方的专业权威机构的检测与监督结果。

禽流感期间肯德基的鸡肉制品为何依旧畅销

2004 年年初，禽流感在全球范围内肆虐，同年，一大波主售鸡肉类餐品的餐厅倒闭。然而，肯德基在其中算是一个特例，国内 1000 家肯德基餐厅的鸡系列餐品依然供应不断。这与肯德基母公司百胜集团面对禽流感爆发所做出的回应有着莫大的关系。

首先，百胜集团对中国公众表示，国内所有肯德基餐厅的鸡肉产品均来自中国本地，且均已通过 ISO9001 与 HACCP（危害分析和关键控制点）国际质量和安全认证，所有产品均获得国家出入境检验检疫部门颁发的《检疫卫生注册证书》。

其次，肯德基供应商的每一批供货都被要求出具当地动物检疫部门签发的《出县境动物产品检疫合格证明》和《动物及动物产品运载工具消毒说明》，并证明所有的供货来自非疫区。

第三，肯德基方面还邀请权威人士现身说法。在 2 月 5 日中国肯德基的新闻发布会中，肯德基方面邀请了北京市商务局饮食管理部门领导、农业大学营养专家和畜牧业专家现场品尝产品。且中国农业部总畜牧师在会上也指出，经过高温处理的食品一般不存在活性病毒，禽流感病毒在 56℃下暴露 10 分钟就能被杀灭，70℃下 2 分钟就足以被杀灭了。而肯德基的所有鸡肉产品均需要经过 2.5～14 分钟、170℃以上的高温加工，所以，食用肯德基的鸡肉可以确定是安全的。与此同时，肯德基方面还邀请了大量的媒体对新闻发布会进行了报道。

可以说，肯德基在禽流感危机中，就是将“铁证如山”运用得恰到好处，从权威部门、政府机构与媒体报道等方面多管齐下的肯德基，最终取得了消费者的信任，最大限度地削弱了因禽流感带来的冲击。

【总结】

从以上案例中我们不难看出“铁证”在危机公关中的重要性。那么，所谓的“铁证”又是来源于哪里呢？

1．第三方权威机构认证、检测或监督

在危机发生之后，在企业信誉受到负面冲击的情况下，很多消费者已经很难再度信任企业。这意味着，在危机发生之时，企业的任何声明、保证，以及承诺等，均有可能得不到相应的回应。那么，此时的企业就不妨寻找一个“第三方”机构，让“第三方”机构站在公平、公正、专业、权威的角度替自己发声，这样可信度会大大增加。

比如，当餐企的中央厨房出现卫生安全问题时，在之后餐企的整改行动中，如果有一个专业、权威的第三方机构全程跟进，及时向公众传达或出具相应的检测与监督结果，显然在公众眼中，这样的形式会比餐企的自纠自查可信度更高。

2．政府部门背书

在周黑鸭罂粟壳门危机公关案例中，第一个亮点就来源于政府部门的背书。如果说周黑鸭单方面宣布此“鸭”非彼“鸭”，可能还会有消费者认为这是周黑鸭逃避责任的一种手段。然而，当政府机构都义正词严地表明周黑鸭在安徽没有设店，且当地周黑鸭经过多次检验并未出现类似问题时，恐怕绝大多数消费者都会就此倒戈，选择重新相信湖北周黑鸭。这就是政府部门背书的力量。

那么，凭什么让政府部门为自己背书呢？周黑鸭罂粟壳门事件就反映出一个重要的理由，就是地方品牌保护。餐企要相信，很多政府部门会非常愿意为一个在当地有突出贡献，有较高知名度具有良好口碑的品牌背书。当然，要赢得政府背书的一个重要前提是餐企本身质量管控体系、服务标准化体系、连锁经营体系等多方面都做得非常出色，已得到政府及社会各界的认可。换个角度来说，政府为企业背书的行为已经不仅仅是为一个企业正名，更多地是向大众传达当地良好的商业风气等。那么，在危机来袭之时，如果企业问心无愧不妨大胆地去申请政府部门为自己背书，会得到意外的效果。

3．知名媒体人、业内专家、行业大佬发声力挺

在无需第三方机构参与，也不具备让政府背书的条件时，还有一种为铁证“借力”的方法，就是让知名媒体人、业内专家、行业大佬等一些具有社会公信力的

人去为餐企发声。因为，在危机公关中，“由谁来说”往往比“说什么”更为重要，选择让具有公信力的第三方意见领袖从客观的角度去系统解析事件的起因、走向和预示结果等，会更有利于传播且更让人信服。

4．通过权威媒体进行澄清

如今，在危机事件发生后，大多企业均是通过官方微博、微信公众号、官网等渠道发表声明类的澄清信息。然而，抛开成本不说，假设企业能够在这个时候联合权威媒体，让一系列的澄清信息通过这些权威媒体推送至公众面前，如省级以上电视台、专业性较强的杂志、公信力较高的报纸等，会在提高信息传播效率的同时，让澄清信息的可信度大大增加。

第六招　负荆请罪

【解读】

负荆请罪，即当餐企面临某种危机时，一旦经过全方位调查核实，证实是餐厅自身存在问题，就需要勇于承担错误，向公众诚恳道歉且表现出积极的处理态度，唯有这样才能最大限度地争取公众的谅解。

换个角度来理解，餐厅既要懂得在有利证据面前挺直腰杆、自信发声，同时也要在错误面前懂得放低姿态，勇敢承担应有的责任，理性接受应付的代价。而后者所强调的就是“负荆请罪”。

毕竟“人无完人”，餐厅经营也是一样，难免会出现一些漏洞，当餐厅以“负荆请罪”的态度面向大众时，相信大部分顾客都会给餐厅一个改过自新的机会，毕竟“亡羊补牢，未为晚也”，这些在中国传统文化里根深蒂固的思想，会给餐厅一个扭转局势的机会。

【案例】

福喜事件中麦当劳和百胜的差距到底在哪里

2016 年 7 月 20 日，东方卫视曝光了一则题为“福喜上海工厂的工人将过期的鸡肉和牛肉重新包装并销售”的新闻，视频中清晰可见一些掉落在地上的肉被重新扔进加工机器。虽然，此时国内的食品安全丑闻已经频发到让人麻木，但是，福喜事件仍然来得令人猝不及防。因为，福喜的客户均是麦当劳、肯德基、星巴克等国际知名餐饮品牌，大部分人认为在这样的品牌餐厅就餐会“相当安全”。这则视频一曝光，瞬间“挑断”了很多人对于食品安全认知的底线，而麦当劳与肯德基也因此陷入了舆论风暴。

面对同样巨大的危机，麦当劳与肯德基截然不同的公关调性，却导致了完全不同的两种局面，这值得餐饮人好好研究。

麦当劳：“情感式”公关拉不回情感的共鸣

7 月 20 日，麦当劳首次发声，称“对于《东方卫视》关于上海福喜的报道，麦当劳高度重视，第一时间通知全国所有餐厅，立即停用并封存由上海福喜提供的所有肉类食品。同时，公司立即成立调查小组，对上海福喜及其关联企业展开全面调查，并将尽快公布结果。食品安全是麦当劳的重中之重，为确保消费者放心享用，麦当劳始终严格遵守国家法律法规和相关标准，对于供应商的行为准则有同样的要求，对于违规行业零容忍。”这样一条声明，粗看下来并无“毛病”，但是仔细分析，却又觉得十分不妥。因为在通篇声明中，竟然没有提到一个关键的公关对象——消费者。不认错，不提及配合政府调查，也不表明对媒体监督的开放态度，所以，麦当劳的首次声明更像是说给“自己”听的，对于这样一个避重就轻的开场，公众表示难以接受。

也许是意识到之前的声明太过生硬，7 月 21 日，麦当劳换了一种调性，走起了情感路线，称“麦当劳一直致力于为消费者提供高品质与安全的食品。我们已全面停用上海福喜供应的所有食品原料。近期，全国部分餐厅可能出现产品断货的情况，由此给消费者带来的不便，我们深表歉意，恳请广大消费者予以谅解。我们将在确保食品原料安全符合国家法律法规和相关标准的前提下，尽快恢复供应您所喜爱的产品。再次感谢您对麦当劳的支持”。这则声明相较于第一篇，“深表歉意、恳请、感谢”等字眼，让声明多了些“温暖”的感觉，但是，网友却觉得这张“感情牌”打得让公众心生“冷意”。

事件发生 4 天之后，麦当劳的第三篇声明出炉。声明大意为，麦当劳对上海福喜事件“无比震惊”，其行为“令人愤慨”，与麦当劳的核心价值“背道而驰”。麦当劳全球主席向中国所有的顾客“致以歉意”，将弃上海福喜而选择河南福喜为供应商。消费者真没想到，4 天后，麦当劳才对此事件表示巨大的震惊；4 天后，消费者第一次收到了道歉，还是来自于“个人”；4 天后，麦当劳给出的方案是从上海福喜替换到河南福喜。

从一开始的避重就轻，到被动打出情感牌，再到不知所云地敷衍道歉且在重新选择供应商方面也表现得不聪明，整个事件，麦当劳自始至终都没有真正站在消费者角度进行回应，这让公众对麦当劳有些失去耐心与信心。

肯德基：“责任式”公关引导舆论走向

再来看看肯德基母公司百胜在福喜事件中的表现。福喜视频一曝光，百胜发出了第一篇声明:“中国百胜高度重视关于上海福喜食品有限公司的相关媒体报道，已经要求旗下肯德基、必胜客餐厅即刻封存并停用由上海福喜提供的所有肉类食品原料……百胜即刻展开对上海福喜的调查，并将积极配合相关政府部门的工作。停用上海福喜供应的肉类原料，将涉及肯德基部分餐厅的两款早餐产品‘芝士猪柳蛋堡’和‘香嫩烤肉堡’，以及必胜客的‘香嫩岩烤德克萨斯风味牛肉’会出现临时断货情况……在此期间给消费者造成的不便，我们深表歉意。”

紧接着，百胜又发出了第二篇声明：“中国百胜决定即刻全面停止向中国福喜（包括上海福喜）的采购。中国百盛将视政府部门的最终调查结果保留对福喜集团采取一切法律行动的权利……基于本次事件的惨痛教训，中国百胜将重新审视、评估现有供应商的监督管理体系。待相关政府部门的全部调查结束后，中国百胜再行公布我们的具体措施。”

相对于麦当劳的回应，百胜的两个声明则干脆又利落。纵观福喜事件中的麦当劳与肯德基，之所以出现如此大的差距，关键原因就是麦当劳选择了“辩解式”的“表态”，试图站在餐厅的角度避开消费者关心的问题；而百胜选择的则是“沟通”，站在消费者的角度，与消费者一起去面对危机，所以，百胜在“沟通”机制下赢回了消费者的信任。

由此可见，公关的关键作用就是在危机事件中建立起餐企与消费者的沟通机制，而对于公众来说，餐企表达歉意，愿意承担责任，以及主动给出解决方案，才是沟通的良好开端。

某矿泉水品牌就“水源门”欠消费者一个诚恳的道歉

2008 年 7 月 24 日，某热门社区网站的贴图专区发出了一条名为“×××：你的优质水源在哪里？”的帖子，帖子内容毫不客气地指出该矿泉水并没有使用广告宣传中的“优质水源”，而是用自来水经过纯净水生产工艺处理、灌装而成。帖子发表后引发多方关注，38 小时内，跟帖量即达到了 450 多条，点击量近 10 万人次，且跟帖与主帖“保持队形”，均对该矿泉水品牌进行严厉谴责。

事后，很多网友将此事件的重点简化为一句话：“××× 的优质水源竟然是自来水！”一时间，以此为话题的各类新闻、帖子在网络上持续发酵，与此同时，大量权威媒体也开始关注此事的进展，危机不断升级。在舆论压力下，一些超市也开始被迫下架该品牌矿泉水。然而，该品牌方面却意外地选择沉默。

在事发 15 天后，8 月 8 日，该品牌才在公司官网上首次发表了一篇《“×××饮用矿物质水”的说明》：“我公司生产之‘饮用矿物质水’，是在纯净水的基础上再添加符合国家标准的‘食品添加剂与营养添加剂’矿物质原料，完全符合国家标准 GB10789 中有关‘饮用矿物质水’品类的定义。同时，考虑产品安全与卫生，本公司使用的水源，无论是自来水、地下水或是其他天然水，都符合国家 GB5749‘生活饮用水卫生标准’。生产过程完全符合国家质量安全标准相关规范。同时，我公司国内各生产基地，均以严格的生产工艺，在国家标准相关规范下制成具有全国一致标准的矿物质水系列产品，请消费者放心饮用。”此后，还请来了第三方机构——饮用水工业协会来帮助澄清饮用水的安全问题。

然而，对于这篇颇为用心，集结了一系列的标准、证书的声明，却被网友认为是“通篇废话”，因为“这都不是重点好吗，重点是你做了虚假宣传”。该矿泉水品牌并未就此事的敏感核心问题给出合理的解释，消费者也始终都没有等来商家的诚意道歉。这篇声明令消费者颇感失望，声明发出后，有消费者开始自发抵制该品牌矿物质水。

直至9月2日，事件发生的一个多月后，该品牌高层管理人员才首次集体出席新闻发布会，就此事向消费者公开致歉，并调整了相关广告和瓶标用语，即在包装瓶上去掉“优质水源”的字样。然而，为时已晚，该品牌矿物质水早已被消费者“打入冷宫”，其品牌形象也随之急剧下滑。

在此次危机事件中，该矿泉水品牌始终没有摆正自己的位置，作为一个被消费者“捧”起来的知名品牌，并没有时刻谨记“水能载舟亦能覆舟”的道理。当品牌伤害了消费者的利益时，如果没能及时拿出“负荆请罪”的勇气与有效的解决方案，那么，消费者也将义无反顾地去放弃该品牌。

【总结】

通过以上两个案例，我们不难总结出“负荆请罪”的几个关键节点。

1．勇敢认错

在危机事件中，危机一旦爆发，事实便已经被曝露在公众面前，在这个时候，与其做一些无谓的辩解，在声明中顾左右而言他，去试图弱化事件中的关键矛盾点，不如勇敢一些，真实一些，对公众坦诚地承认错误并表达歉意，这才是公关建立有效沟通机制的第一步。

2．态度诚恳

在日常的品牌公关传播中，餐企可以“撒娇卖萌”、可以“高冷装 ×”，但是面对危机事件，特别是自身错误明显时，这些态度都不适合企业发声。当危机来袭时，餐企首先要表现出诚恳的态度，诚恳地承认错误，诚恳地表明立场，诚恳地针对舆论呼声给出解决方案。

3．勇担责任

在危机公关中，不乏一些认错却不纠错的餐企。他们在勇敢地承认错误之后，并没有拿出相应的解决方案，也没有建立起有效的纠错机制。因为当消费者的利益受到重大损害时，他们希望得到的一定不仅仅是一声道歉，还有餐企为此给出合理的补偿方案。所以，餐企在承认错误之后，还要正视因错误而产生的代价，勇敢担起相应的责任。

4．给出合理的解决方案

供货商从上海福喜换到河南福喜，矿泉水更换包装，这些解决方案显然都不是公众所希望看到的。他们犯了同一个错误——没有正视事件的关键问题。餐企在面对危机事件时，势必要拿出合理的解决方案，是给消费者的补偿方案也好，是餐企的纠错方案也罢，抓住事件的本质，迎合消费者的心声和舆论风向，才能营造出一个有利于餐企的舆论环境。

5．不拖延时间，不避重就轻

在“水源门”事件中，事发后一个多月的时间里，舆论充分发酵，网友有充足的时间散发各种谣言。以此为警戒，餐企在危机事件中既然注定要“请罪”，那就要力求在最短的时间内，给出一个直击问题关键的道歉，这才是快速赢得公众原谅的途径。

6．建立沟通机制

公关就是为餐企与公众之间建立起一个良性沟通的桥梁，通过这个桥梁，餐企传递歉意与解决方案，公众表达不满与诉求。只有在“桥梁”的作用下，餐企的歉意、解决方案和公众的诉求有效结合时，才能给危机事件的解决找到真正的出口。

第七招　调虎离山

【解读】

调虎离山，是兵家“三十六计”中的一计，在军事上，往往用来通过将对方引出坚固的据点，削弱对方的抵抗力以减少自己的危险。应用在餐企危机公关中，即是通过弱化负面焦点，恰当转移舆论风向等来减少餐企的负面舆论压力，一旦应用巧妙，它能让事件转危为安。

危机公关中的“调虎离山”，绝非简单地“转移公众视线”，而是要利用巧劲，将公众视线向正面方向引导。它既要通过谋略让公众关注的事实性质得以转换，又要做到以尊重事实为基础，做到内心坦荡。所以，在危机公关“九大招数”中，它是最高深的一门“艺术”。

在餐饮行业里，“调虎离山”最常用的方法就是借用公众对于突发危机事件的好奇心与关注度，通过设置新议题、制造新热点，借力打力实现引导话题走向的目的。

【案例】

上3·15晚会被网友们认为是一个“牛”企业的新开始

每年的3·15晚会，都像极一场盛大的公关晚宴。很不幸，“饿了么”成为2016年3·15晚会上第一个“中枪”的公司。据3·15晚会报道，“饿了么”外卖平台存在引导商家虚构地址，上传虚假实体照片，甚至默认无照经营的黑作坊入驻，以及卫生不达标等情况。一时之间，“饿了么”成了微博与朋友圈的热门话题。

在被报道之后，“饿了么”官方迅速做出反应，发表了“致亲爱的消费者”声明，表示已“紧急成立专项组，下线所有涉事违规餐厅，并连夜部署，核查全国范围的餐厅资质”，声明结尾处强调：“我们诚恳接受媒体及社会各界的引导和监督，百倍努力，为消费者提供安全放心的用心体验。”可以说，作为一家有一定知名度的大企业，“饿了么”的官方回应无论从速度上还是内容上，均算得上中规中矩，不出彩也挑不出什么大的错处。

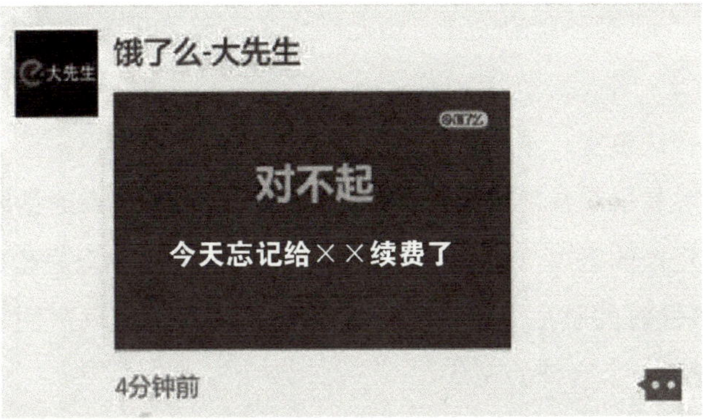

而巨大的转折来源于一个“意外”。一位认证为“饿了么－大先生”的个人微信号发送了一张蓝底图片，上面写的话言语之中满含讥讽。此图一出，引起了轩然大波。特别是在公关界，更是有人认为“饿了么”遭遇了一个“猪队友”，对“饿了么”的公关水平提出深度质疑，然而，更多的人却认为这不失为一个转移视线的好方法。

事实证明，在“饿了么”高层全员三缄其口的情况下，一个市场元老突然发出这么一句令人玩味的话，彻底扭转了舆论风向。此时的媒体，不再紧盯着饿了么是否存在商家无照经营，卫生是否达标，而是纷纷猜测谁给这位“饿了么－大先生”熊心豹子胆；公众也不再关注自己是不是在“饿了么”订过不干净的餐品，而是积极“站队”，甚至网友中开始流传一种“奇怪”的论调——只有大企业才有“资格”上3·15晚会，那是否足以说明“饿了么”已经成功进入知名大型企业的行列？

舆论发展至此，这“一句话”的热度已经完全盖过了负面新闻的热度，公关的焦点已经开始偏移。这个时候，“饿了么”又适时发声，通过发动群众，揪出“饿了么”店铺中的不良商家，找第三方出具评测报告，包装明星店铺、明星快递员、明星用户，甚至拉出创始人一起讲故事，突出外卖行业的艰苦、创业的艰难等，成功扭转舆论风向，“饿了么”用一波又一波的实际行动与舆论攻势迅速覆盖了用户的负面记忆。

在“饿了么”这场公关行动中，采取了“兵分两路”策略 ：一路紧跟着公关“套路”，进行中规中矩的发声、承诺、整改等行为，而另一路则通过巧妙的策划，不按常理出牌，获得公众的关注，由此减少负面舆论压力。其中，“饿了么”的 3 大表现值得肯定：

（1）不否认事实、不推脱责任；

（2）用容易引起共鸣的内容实现话题引流，转移公众对话题的关注点；

（3）用轻松的态度严肃地处理事件，即一方面用相对轻松的表现突出大公司在面对危机事件时的临危不乱；另一方面则用严肃的语气声明企业需要改进的地方，以此给公众一个合理的交代。

被曝光使用回锅油　这家店却建立一个“算错赔钱”制度

某日，有网友在一个社区网站上曝光源碳烤鱼使用回锅油，且菜品清洁不力，娃娃菜上带泥等问题，引起了当地人的广泛关注。

帖子发出之后，店主第一时间针对帖子内容做出了回应，称源碳烤鱼不会也不可能使用回锅油。同时，针对娃娃菜带泥提出质疑：“连超市卖的娃娃菜都不带泥的，谁见过带泥的娃娃菜”。紧接着，店主晒出了每月 500 元的水费单力证店内菜品均是经过流水冲洗，而非一般餐饮店的水池洗菜；公布了所有原材料的采购地点及使用数量，用以证明所使用的一切原材料均来自正常的流通渠道，也希望通过耗材来证明店内使用的全部都是新油好油。此时，虽然店主拿出类似“证据”之类的证明，然而，仍有一部分网友对源碳烤鱼存在一定的偏见。对此，店主采取了接下来的一系列行为，才让源碳烤鱼的口碑真正发生了逆袭。

首先，店主开通了新浪微博，用以建立与顾客的沟通途径，承诺若顾客在就餐中遇到态度差、上菜慢等问题均可以第一时间联系店主帮忙解决。

其次，建立了一个算错账的赔钱制度，算错多少赔 2 倍。

第三，邀请帖吧吧友做源碳烤鱼的卫生监督员，监督员随时可以监督源碳烤鱼的卫生、用油、原材料等情况。

第四，源碳烤鱼建立了一个“五心”经营标准张贴到餐厅中——使用原材料要讲良心，经营中要讲诚心，为顾客服务要讲真心，倾听顾客需求要讲用心，遇到有困难的顾客要讲善心。

在店主进行完这一系列的动作之后，源碳烤鱼店使用回锅油，菜品不干净的议论便逐渐消失，取而代之的是源碳烤鱼双倍赔钱，吧友做卫生监督员的新议题。至此，事件的性质已经从根本上发生了改变。与此同时，餐厅的形象也通过正面话题的引导得到了有效宣传。

在这个案例中，我们不难看到源碳烤鱼的“聪明”之处不仅仅在于搜集一些证据证明自己的清白，更多的是在于其策划了一系列的话题，采取了一系列的措施转移了舆论的焦点。而源碳烤鱼的“用心”之处也不仅在于危机来临之时能够快速、有效地处理事件本身，还在于它通过危机的发生进行深度反思，进而建立起了一个长效的公关机制，让此类“莫须有”的事件再次来临时，餐厅可以更加从容地处理。

肯德基直指问题根源　力证永远和消费者在一起

关于肯德基“苏丹红事件”在本篇第二招“唯快不破”中有提及，本节再次提到肯德基的苏丹红事件，是因为肯德基在此危机事件中的成功表现，除反应迅速、态度诚恳之外，也同样用到了“调虎离山”这一招。

回顾此次事件，我们发现，在整个的危机处理流程中，肯德基所属集团百胜，一直在跟随政府调查的步调，甚至提前于政府的步调进行“自查自纠”，它努力锁定全部供应商范围积极排查“苏丹红一号”。百胜这么做，不仅让消费者感受到了百胜对于苏丹红事件的重视与解决决心，同时，也让消费者从根本上站在了百胜的队伍里，将问题的焦点转移到上游供应商。反言之，百胜是通过直击问题根源，将自己放置于与公众一样的“受害者”角度之上。这样，不仅弱化了肯德基的负面形象，还有可能引起公众的同情与共鸣。

不难发现，百胜通过一系列配合政府进行“自查自纠”的行为，将苏丹红事件的根源指向上游供应商提供的原料，合理转移了公众的视线，起到了“调虎离山”的作用，最终让危机事件的处理更加游刃有余。

【总结】

在餐饮业有一个广为流传的小段子，讲述一位客人在用餐时反映餐品中有只苍蝇，为此大为恼火，立即让服务员叫来了值班经理。经理过去之后，并没有针对苍蝇事件向客人直接道歉，而是保持服务的微笑问客人苍蝇在哪里，随后夹起这只苍蝇送到了自己口中，边嚼边用调侃的语气说，今天的炸葱花有点糊。此时，客人在目瞪口呆中开始有点佩服这位经理，毕竟像餐品中有苍蝇这样的突发事件在餐厅比较常见，但是敢将苍蝇吃掉的经理却并不常见。

站在公关的角度，此次事件处理的焦点不是在于这位经理吃了一只苍蝇，而是这位经理温和的处理风格及巧妙的“转移”方法值得我们肯定。其实，危机公关手段之“调虎离山”所表现的也正是企业在面对危机事件时从容且用心的态度。

通过以上案例，我们总结出“调虎离山”主要通过以下 4 个方法来完成。

1. 策划能够引起公众共鸣的热点话题

即巧妙策划一些新话题去覆盖当前的负面焦点，这是一个在危机公关中很常用的手段。要想成功覆盖负面话题，或是适当转移公众的焦点视线，就必须要策划出一个或多个能够引起公众共鸣，或是足以引发公众热烈讨论的话题。

2. 恰当地进行话题引导

在“饿了么”与3·15晚会的舆论博弈中，我们很意外地看到了一个新奇的观点，那就是一般有实力的企业才能上 3 · 15 晚会……初看到这种说法，很多网友的第一感觉就是笑着调侃其简直是“歪理邪说”，但是仔细思考下来，又会觉得似乎有点道理。而这一从未出现过的说法，谁又能肯定地说不是有意为之的话题引导呢？

所以，与其让网友自由发挥丰富的想象空间，拼凑出各种各样的版本，不如企业主动一些，去恰当地引导一下话题的走向，让公众跟着企业的思维走，这绝对好过手忙脚乱地被媒体与公众的猜测牵着鼻子走。

3．公开烹饪技巧、流程及科学的监管机制等，改变公众对餐厅的认知

卫生条件差、食材不安全、烹饪不健康……这是餐饮业经常遇到的负面问题，每一个问题都有可能成为一个巨大危机的导火索。那么，当餐厅出现这些负面议论后，就必须“对症下药”，纠正公众对餐厅的认知。比如，请出权威名厨向公众公开烹饪流程，邀请第三方机构对餐厅进行监管，并实时向公众反映监管情况、公开采购清单等，利用这一系列的正面信息去直击负面信息，扭转餐厅形象危机。

4．利用第三方媒体传播餐企的正面形象

在每一个危机公关案例中，媒体的力量都不容忽视，特别是在餐企的正面信息引导和话题制造中，第三方媒体的传播更是至关重要。

在餐企常规的品牌传播中，我们通常会借助媒体的力量去“优化”餐企的网络信息，让餐企的正面信息保持一个正常频率的曝光。在危机公关中，餐厅更有必要利用媒体对餐厅的正面形象进行大篇幅、多频次的报道，这么做的目的可以分为两个方面：一是通过正面软文信息的优化，将负面信息“硬生生”地“挤”下去；二是丰富餐厅的正面传播信息，以引导品牌话题风向。

第八招　沉默是金

【解读】

在对“沉默是金”的词语解释中，特意给出“沉默”在哲理层面的两大释义。首先，沉默并不等于无言，它是一种积蓄、酝酿、蓄势再发的过程；其次，形式上的静止，并不代表思考的停滞，相反，深邃的思想，正是来源于看似沉默的思考过程。言外之意，“沉默”并不是简单让人缄口不语，而是学会三思而后行，少做一些无目的、甚至起到反面作用的事情。这正与危机公关中“沉默是金”的招数不谋而合。

当事件的危机程度并不太高，当舆论的影响只限于小范围传播，当议题的热度还未发酵就已冷却，此时最好的做法不是大费周章地公开发表声明，利用第三方媒体公开道歉等，而是保持“沉默”，静观其变。

在危机公关中，“沉默”是一种智慧，需要企业审时度势，需要公关部门具有一定的前瞻能力，并通过第三方舆情监测分析工具，对危机事件舆情状况进行科学地分析和判断。唯此，才能正确地选择“沉默”，在不发声、不辩解、顺其自然的情况下，使危机得到化解。

【案例】

星巴克的“无为而治”式公关

2013 年 10 月 20 日，恰逢周末，坐拥千万粉丝的 CCTV 官方微博央视新闻栏目发表了一篇标题为“星巴克咖啡全球市场调查”的文章，文章中毫不客气地指出：

“星巴克中杯拿铁在芝加哥卖 19.98 元、印度 14.6 元、伦敦 24.45 元，中国售价却高达 27 元……”，同时还算了一笔账：“咖啡豆加牛奶加纸杯等一次性用品成本不足 5 元。”通篇言辞颇为指责星巴克为何“贵在中国”。

无独有偶，在央视曝光之前，早有《第一财经日报》也分别刊发了两篇文章用来“声讨”星巴克为何“贵”在中国：“星巴克中国‘暴利’：亚太区利润率为欧洲 16 倍”和“售价为物料成本近 10 倍，星巴克成本说难自圆”。几乎与此同时，人民日报也在官微中连发两帖，称“中国星巴克不仅咖啡比美国卖得贵，连马克杯也贵了近一倍”和“人民微评：中国市场不是待宰羔羊”，也就是说，当时的星巴克被三大权威媒体一致炮轰，强力为星巴克戳上了“很黑很暴力”的标签。

然而，虽然三大媒体一起谴责，却并未迎来预想中的公众一起口诛笔伐星巴克。在文章传播的初始阶段，公众的舆论主要集中在星巴克“摊上大事”了，星巴克“倒霉”了等焦点。不过，在央视官方微博央视新闻栏目发表文章当天下午 5 点之后，舆论却突然大幅度逆转，来自“公众”的星巴克声援帖排山倒海而来，大量段子蜂拥而至。公众舆论开始出现一边倒，开启了集体“吐槽”模式，顺带声援星巴克。

事件发生的第二天，星巴克股价却逆势上涨 0.19% 至 79.46 美元，创下历史新高。纵观此次事件，星巴克在其中自始至终并未正面发声，却“此时无声胜有声”。或者，站在公关的角度理解，星巴克已经用另外一种方式发声。比如，细思下来，声援帖表现出明显的时间节点特征，这些帖子更像是有组织、有计划地被投放，而且帖子中“专业水准较高”、句句“扎心”的内容，也是引起公众广泛热议的必要条件。

可见，危机公关中的“沉默”并不代表对危机置之不理，大多时候，企业只是选择去进行一场“隐形”的公关行动而已。

“沉默是金”也有“有效期”

2006年5月29日，《华夏日报》刊载了一篇消费者投诉文章，称“在某连锁超市分店盛咸鱼干的玻璃陶内，有上百条蠕动的虫子，都帖在玻璃内壁上，有的还在鱼干身上爬来爬去。简直就像20世纪80年代的公共厕所，到处爬满了蛆。”

之后，《华夏时报》又在5月30日曝光该超市北京双井店售卖的“2007年产的面包”存在异味。

5月31日，又有消费者投诉该超市销售的粽子外包装的生产日期模糊，有的甚至没有生产日期，涉嫌售卖过期粽子。此时，在消费者中间已经掀起了一场集体声讨该超市的行动，很多消费者纷纷表示对该超市的卫生与食品安全已经不再放心。

然而，在细数该超市2006年的危机事件之后，就会发现，公众的愤怒其实并不仅仅来源于《华夏日报》的刊载内容，更多地来源于接连不断负面情绪的累积。2006年的对于该连锁超市而言，可谓危机事件频发：1月16日，《北京晚报》报道，在国家质检总局15日公布的“瓶装（小瓶）饮用水产品质量抽查结果”中，该超市自有品牌天然泉水被查出菌落总数不合格；4月20日，《每日经济新闻》报道，该超市销售的廉价女包和LV女包极为相似，为此路易威登马利蒂（法国）公司将该超市告上法庭；5月11日，新华社报道该超市某店分3次购进3000多千克超过保质期限的美国进口猪颈骨肉，其中1670多千克已被售出；5月24日，北京市工商局公布儿童商品抽检结果，该超市销售的3款玩具上了“黑榜”……即便在2006年之前，该连锁超市也接连被曝出过进场费、售卖假冒超女VCD、假茅台、病虫害疫区水果等事件。

在这些频发的危机中，该连锁超市采取了一个“统一”的态度——“沉默”。如果仅仅针对超市的这些危机事件中的每一个个例来说，“沉默”其实不失为一个良策。因为，对没有形成一定热度，或是小范围内较轻级别的危机采取“冷”处理的方式，让小事慢慢被遗忘，这样对待“个例”的处理方式并不存在多大的问题。而该连锁超市之所以公关失败，最大的原因在于它任由危机事件一而再再而三地叠加发生，让公众的负面情绪在频发的危机事件中慢慢放大，最后到不可收拾的地步。

通过上述的案例，我们又要对“沉默是金”有另外一层认识：在轻级别的危机出现时，可以采用沉默的“冷”处理方式，以防止因过度辩解而导致的危机热度提升。但也不能过于忽视危机事件，完全采用不作为的方式，任由小危机不断叠加，公众情绪持续累积，最终让小危机变成大危机。

【总结】

通过以上 3 个案例，我们发现，面对危机事件，餐厅选择“沉默”想要达到“是金”的效果，则需要具备一定的前提条件。

1．危机本身存在模棱两可的“可操纵空间”

就像星巴克的案例一样，当事件没有明显的舆论走向，事件的性质在公众眼中存在模棱两可的状况时，企业不妨选择自己沉默，而利用第三方力量替自己发声，把舆论往有利于餐厅的方向上引导，不失为一种有效的“祸水东引”的方法。这里面的“第三方”，可以是“消费大众”，可以是“第三方媒体”，亦可以是知名人士、专家、权威机构等。

2．危机事件走向有一定的“可预见性”

一般来说，餐厅采取“沉默是金”的措施时，要求事件的危机级别较轻，且可持续发酵的概率较小，这里需要餐厅通过网络搜索或第三方舆情监测软件对危机舆论现状有一个系统的了解，以此评定危机大小级别。如果确信危机级别较低，餐厅大可不必大动干戈地主动发出官方声明，以防本来影响不大的事件在发声后反而被瞬间放大。

例如，在餐厅的客流高峰期，可能会遇到客人抱怨排队等位时间太长，服务跟不上等，并将抱怨发布在自媒体上。此时，如非特殊情况（客人自媒体账号粉丝众多，客人身份特殊等）即可采用置之不理的情况，因为，按照常理推断，这样的抱怨根本掀不起多大的波澜。

3．事件发展已进入“衰退期”

网络上流行过一个段子。公关经理：老板，我们上 3 · 15 了！投诉我们四里屯店食材在保温箱超过保存期；华北区总裁：问题很严重，我要向中国区总裁汇报；中国区总裁：问题很严重，我要向亚太区总裁汇报；亚太区总裁：问题很严重，我要向北半球总裁汇报；北半球总裁：问题很严重，我要向全球董事会汇报……7 天后，公关经理：老板，不用汇报了，网上已经没有讨论这事了。任何新闻都会有一定的“保鲜期”，当公众对危机事件的关注度进入“衰退期”后，官方已经不再适合发声，此时继续沉默是最佳的选择。

4．餐厅有能力对舆情进行实时了解与准确判断

选择“沉默”，需要根据危机事件的网络舆论热度，综合评估危机的星级，对于未形成一定热度的传播范围小、级别较轻的危机可以选择“冷处理”。这就需要餐厅具备一定的公关能力，可以对舆情进行实时了解、理性分析与准确判断，而且舆情是时刻变化的，这一刻适合选择“沉默”，下一刻舆情升级，就要即刻调整危机策略，唯有实时对舆情进行分析判断，才能做出正确的“沉默”选择。

第九招　转危为机

【解读】

所谓危机，单从字面上理解，意味着“危”与“机”是并存的。在各类危机事件中，往往隐藏着商机，掩盖着绝好的营销契机。而高明的危机公关不仅懂得如何“转危为安”，更能上升到“转危为机”的层面，将危机转化为一次提高业绩，提升企业声誉的机会。

“转危为机”就是要引导餐企学会分析并“利用”危机，借力危机事件发生后的媒体热度，以及可能存在的各种微妙的“有利传播点”，让二者通过巧妙的策划有机结合，从而制造出一次大好的传播营销契机。

【案例】

“躺枪”后的大龙燚顺势“火”了一把

2015年5月，火龙燚火锅底料生产商被人举报，称其产品不合格。经过相关部门核查之后确定其中有部分产品的一项被称为“氨基酸态氮”的物质不达标，此火锅底料商也因此遭受罚款。至此，事情基本算是告一段落。不过，在此之后，事情却出现了“神转折”。原来，一个与“火龙燚”仅一字之差的成都“大龙燚”火锅品牌因此莫名“躺枪”，不少消费者误以为是大龙燚的火锅底料存在问题，且“被”举报之后，有不少网友开始就“大龙燚”的火锅底料问题在网上进行了激烈讨论，影响不断扩大。

在发现舆情之后，大龙燚火锅方面第一时间向公众澄清，明确指出部分消费者所认为的大龙燚火锅底料存在问题是完全属于“被误导了”。大龙燚公司“历来非常重视食品安全，火锅底料也严格按照相关标准生产，旗下所有门店使用的火锅底料及其他渠道销售的大龙燚火锅底料都不存在问题，请食客们放心。”与此同时，大龙燚火锅品牌负责人则用非常“接地气”的言辞公开表示：“这真是天大的冤枉”“大龙燚火锅实属躺着也中枪”。

为了进一步澄清自我，大龙燚不仅在随后大方地公开了配方并欢迎社会各界监督，还针对消费者的一些误解进行了一一回应。其中，对报道中所提到的“氨基酸态氮”，大龙燚向公众解释，这实际指的是以氨基酸形式存在的氮元素的含量。比如，氨基酸态氮就是判定酱油、料酒、酿造醋、豆瓣等发酵产品发酵程度的特性指标，但其含量的高低并不会对身体造成影响，也不涉及食品安全的范围。并且，大龙燚供门店使用的火锅底料配方中不含有酱油、料酒、酿造醋、豆瓣等原料，所以，氨基酸态氮元素在底锅含量中极少。

此外，大龙燚还向公众出示了合同细节，阐明大龙燚与被通报的火锅底料生产商曾在 2014 年 3 月份签订了一份为期一年的半固态火锅底料代加工合同，不过在 2015 年 3 月合同期满后，大龙燚便终止了和该底料商的合作。同时强调，市面上所流通的大龙燚火锅底料全部符合食品安全标准。

纵观此次事件，大龙燚在明显被“冤枉”的情况下，依然采取了“不指责、不抱怨”的态度，甚至用自我调侃的方式来开启公关回应，表现出了一定的品牌风度。借助此次事件，大龙燚在澄清真相的同时，亦让这个当时在餐饮业尚属新兴品牌的火锅店“火”了一把。事后，大龙燚的生意非但未受到影响，反而意外地让品牌收获了更高的知名度。

由此可见，在危机公关中，转危为“安”是转危为“机”的首要前提，即只有在直面危机、解决危机之后，才是创造机会的最佳时机。

被央视曝光的呷哺呷哺完美“反击”完成逆袭

在2015年的3 · 15晚会上，呷哺呷哺、小肥羊等知名餐饮企业被点名，指其用价格低廉的猪血冒充鸭血。报道中还表示，猪血冒充鸭血可降低成本，麻辣烫店等商家使用的“猪血”中含有较高浓度的甲醛，这种非法添加强致癌物的做法会在很大程度上危害食客的健康。报道一出，立即引起了消费者大范围的恐慌。虽然报道中并未明确指出呷哺呷哺使用的是含有高浓度甲醛的猪血，但有不少消费者已经声讨“呷哺呷哺供应食客黑心甲醛猪血”的行为，其负面影响不言而喻。

报道出来后的当晚8点多，呷哺呷哺迅速通过微博发表了一篇企业声明，首先强调了呷哺呷哺坚持品质，对消费者负责的经营根本，然后向公众表明呷哺呷哺将会配合相关部门、媒体和检测机构展开全面调查。随即，呷哺呷哺又做了三个重要的安排，也正是这三个安排奠定了呷哺呷哺完成逆袭的基础。

第一，在3 · 15当日便通知近500家门店全部停售鸭血，且3月16日一早将产品运回呷哺呷哺总部进行封存检测。

第二，通过微博等渠道将此行动公之于众，欢迎群众监督。

第三，安排专人处理媒体的征询。

在检测结果未出来之前，仍有不少消费者对呷哺呷哺秉持质疑与谴责的态度。不过，不得不说，在整个过程中呷哺呷哺主动且积极的处理风格，也对不少公众的偏激情绪起到了一定的安抚作用。最终，检验结果证明，这只是一次“乌龙”，呷哺呷哺并未使用低价猪血冒充鸭血。检验结果出来后的第一时间，呷哺呷哺马上组织了一场媒体访谈，第一时间告之公众呷哺呷哺是安全放心的，让事实得到澄清，且宣告鸭血将继续售卖。

随后，趁着这次危机事件的“热度”，呷哺呷哺“顺水推舟”策划一场关于鸭血的活动，名为“安心鸭血免费试吃”，内容为消费者任意现金消费即可获赠免费鸭血。事情发展到这里，可以说，呷哺呷哺的此次危机事件已经完全变成一次营销机会。

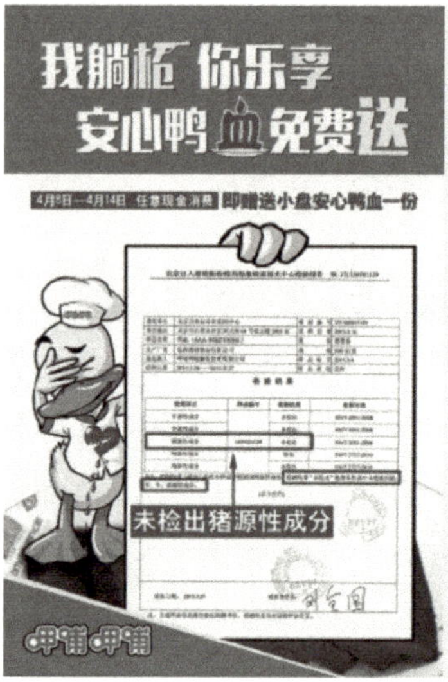

在此次危机事件的处理流程中，呷哺呷哺表现出了井然有序且逻辑清晰的处理方式，也向我们展示出了转危为机的三个连续性动作：澄清—正名—借机营销。即通过摆事实、讲道理等行为澄清事实后，再利用发布会、采访、发布声明等方式公布证据，为自己正名，最后再巧借事件的热度策划营销活动，彻底转危为机。

周黑鸭罂粟壳门成为公关界的“范文”

在公关界，周黑鸭针对“罂粟壳门”的公关行动一直被人们奉为“典范”，从头至尾的每一步行动都策划执行得堪称漂亮。在事件中，周黑鸭不仅熟练地用到了“铁证如山”，而且转“危”为“机”也驾轻就熟。

再次回顾一下这个被公关界津津乐道的周黑鸭“罂粟壳门”事件。2016 年 1 月 21 日，国家食品药品监督管理总局公布 35 家餐饮服务单位经营的食品中含有罂粟壳成分，其中就包括“安徽周黑鸭”。新闻发布后很多消费者表示对周黑鸭很失望，可见此次事件对周黑鸭的影响颇大。而事实上，正宗的周黑鸭并没有在安徽开设分店。为此，周黑鸭为自己策划了一场“声势浩大”的“鸣冤”行动。

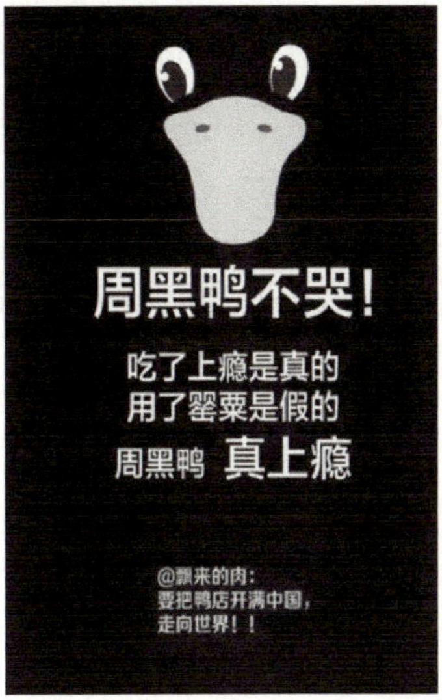

（1）周黑鸭方面阐明事实，且表示不排除运用法律手段。

（2）“发动”武汉市食药监局为其背书，在官方微信发布了一篇名为“安徽周黑鸭？你咋不说黄鹤楼也是你的！”的文章，文章中声明周黑鸭并未在安徽开设门店，且在对湖北周黑鸭的多次检查中，并未发现问题。

（3）CCTV 央视财经频道就此事直接理清脉络，建议大家去真店消费。

（4）借势营销，策划了 # 为什么受伤的总是鸭 #、# 一只鸭的委屈 # 等一系列热门话题，吸引了众多网友热议。

（5）门店推出“周黑鸭不哭”系列海报。

（6）发起“寻找真店，让真爱粉嗨起来”的活动。

可以说，在“罂粟壳门”的事件中，周黑鸭打出了一套华丽且实用的组合拳，通过一系列后续营销活动的策划，不仅给全国范围内的“假”周黑鸭以当头棒喝，同时，也让正宗周黑鸭的品牌形象得到提升，品牌信息也得到大范围的有效传播。

【总结】

纵观以上转危为机的案例，我们不难发现，转危为机通常会借力危机热度进行品牌借势传播，但这其实并非易事，它背后还需要着一些“必要条件”来支撑。

1．善于分析危机，寻求危机中的“机”

在危机事件中，“机会”几乎从始至终都处在一种“潜伏”状态。因此，很多餐企在处理危机事件时，往往只会盯着负面危机本身去行动，却忽略了其中可能隐藏颇深的营销机会。那么，这就需要餐企善于分析危机，善于发现危机里的“契机”，再通过巧妙的策划将这些“机会”在事件处理的流程中，被不断强化、放大，如此方能实现“转危为机”。

2．准确预测事件舆论走向，把握“机会”出现的节点

每件事件都拥有其清晰的走向脉络，当危机来袭时，我们首先要做的就是理清脉络，理性科学地预测事件舆论走向。这么做的目的不仅是为营销方案的设计寻找一定的依据，同时，也是在为营销活动设定恰到好处的时机。例如，周黑鸭的“组合拳”之所以打得如此漂亮，与其将所有的公关行动以一个正确的排列组合，并安排在一个恰当的时间节点上出场，有着莫大的关系。

3．从“转危为安”到“转危为机”，需要借力“催化剂”

转危为机，并不是简单地追求“化解”危机，而是讲究如何“利用”危机。言外之意，在这场“转危为机”的公关行动中，大可以将危机事件的发展视作一场营销行动的起点。当餐企完成澄清、辩解等“标准化”的危机处理手段之后，危机“险情”已降至很低，这个时候，再借助一系列的营销策划，公布公信力较强的监督检测结果等，让企业的正面形象得到有效传播，这其中的品牌营销策划与传播就是“催化剂”。

4．优秀的策划力与执行力，能让传播“一气呵成”

转危为机是一个系统的公关传播体系，需要匹配出色的策划与执行力才能保证公关行动的有效进行。对此，具备一定条件的餐企，不仅应该成立专业的公关部门，同时还应与外界的专业公关公司保持长期合作。这么做的目的不仅在于完成餐厅的日常品牌营销活动，更是让危机来临时“有备无患”，能够在“黄金时段”内拿出完善的策划，并通过高效的执行力实现转危为机的华丽转身。

提示：危机公关 15 大禁忌

通过以上对餐企危机公关“九阴真经”的阐述，相信餐饮人已经对餐厅危机公关的正确处理方式有了一个全新的认知与了解。其实，餐企要做好危机公关，必须在建立有效预警机制的基础之上，及时发现危机，一旦锁定危机信号，就要争取在“最佳时效”内拿出可行的处理决策，各个部门、员工之间用积极、诚恳的态度，以及具有公信力的证据统一发声，而后再通过其他的公关策略让餐企转危为安，甚至转危为机。

可以说，在当下的互联网时代，危机公关已成为餐饮人的一门必修课，不但是为了预防“千里之堤溃于蚁穴”，同时也是为了让餐企在竞争激烈的快节奏社会中，适应市场环境，找到更多的发展机会。所以，提倡餐企都必须具备一定的危机忧患意识并非只是为了应对单个突发事件或危机本身，更多是从餐企长足发展的层面来考虑的。

同时，餐企在处理危机事件时，除遵循“九阴真经”里每个招式外，也有“15大禁忌”不能触碰。

1．忌站在“相关部门”及媒体的对立面

在这个与危机如影随形的时代，无论是用强硬的手段对抗相关部门，还是用生硬的语言对付媒体，显然都不是明智之举，否则，便会很容易出现舆论反弹。

要知道在危机面前，鲜有餐厅能够完全确定自己的“无辜”，此时，如若一味地因为辩解而去刻意质疑相关部门的调查结果，一而再再而三地挑战相关部门

的权威性，那就要做好准备迎接相关部门的“反击”。相关部门可能会因此拿出更多的“证据”揭发餐厅的问题所在，也可能会从其他角度入手将问题再次细分化、扩大化，无论是哪一种，对于餐厅来说，都注定得不偿失。

对媒体来说，当危机来临之时，如果餐企将目光放在抱怨媒体的夸大其辞与无良曝光之上，媒体难道就会退缩任由事件的热度冷却吗？相反，媒体可能会以此来制造另一个热点，让餐厅的危机进一步发酵。

2．忌习惯性地对频发的细小危机视而不见

每一个问题都无伤大雅，却又频发不断，这种现象在一些餐品品类繁多，却又价值不高的小食领域很常见，比如蛋糕甜点、零食小铺、休闲餐厅等。有一部分餐厅会习惯性地选择对这些细小到可以“忽略不计”的事件视而不见。例如，过期的面包未及时清理，结账时漏算或重复计算，偶发口感偏差等，每一件事情被独立开来时都构不成危机，然而，当每一个问题都被不了了之，当问题频发而得不到解决与改进时，这些频发的问题就很有可能会给消费者留下餐厅管理混乱、服务不到位等印象，而且很有可能像之前的家乐福一样，细小危机相互叠加从而形成大危机的集中爆发。

3．忌遇事就选择“鸵鸟式”逃避

我们在上文的“沉默是金”招式中特意强调过，只有当危机层级不够，危机险情已然衰退时，才适合选择“沉默”。其实，大多数情况下，危机来袭时，正面迎战才是硬道理。那么，反言之，遇事就像鸵鸟一样逃避，那就极有可能会放任舆论危机的持续扩大，而放任时间越久，事件发展越难把控，以至于最终一发不可收拾。

4．忌在公众关心的问题上顾左右而言他

有一些餐企，为了弱化危机中的矛盾而选择在公关行动中避重就轻，在声明中刻意避开公众关心的敏感话题，试图通过解答一些无关痛痒的问题来转移视线，而事实上，这种做法也是不受认可的。

一般情况下，只有当焦点问题得到解答时，各种猜测的声音才会得到有效遏制；只有当危机的根本问题被暴露于阳光之下，才能缓解公众的好奇心。所以，在危机公关行动中，在公众关心的问题上顾左右而言他非但没能转移视线，还有可能因此激化矛盾。

5．忌公事公办，敷衍了事

如今，无论是服务设计还是场景搭建，都在寻求人性化的体现，在公关行动中亦然。面对危机事件，人们对于“模板化”的声明、公事公办的说辞早已产生了“疲劳”心理。所以，餐企若一味站在企业的角度，而忽略公众的情感诉求，套用“模板”而缺失个性化与温情的体现，这样的处事方式往往会被公众认定为是在敷衍了事，拒绝买账。

6．忌自说自话

在危机公关行动中，有不少企业因为缺乏“有力论据”或是“自以为是”而失去话语权与主动权。在有消费者参与的危机事件中，有些餐企非常自信地以为能单方面解决危机，忽略与当事人沟通，误以为让当事人参与其中会给事件添堵。殊不知，当事人说的一句话有可能会抵过餐企说的十句话。于是，很多餐企是在“自以为是”的无凭猜测中决策失误，自以为过两天公众的情绪就会自动缓解，自以为公众喜欢这样的论调，殊不知，没有建立在“调查基础”上的发言，就有可能失去群众基础，失去发声先机。

7．忌被舆论牵着鼻子走

在公关部门行动不力，或是餐企压根就没有相应的公关部门，也没有与公关公司合作，且公关经验极度欠缺，没有公关人才的情况下，就有可能导致公关行动总是“慢半拍”。等到舆论热度攀上峰值的时候，才意识到危机的严重性，在出现新话题的时候才发现舆论已经被“有心人”一路引导，在全套的解决方案执行过后才发现事件似乎已经被舆论所“定性”……总是被舆论牵着鼻子走，总是被动地发声辩解，不仅事件的处理效果会大打折扣，也会让公众对于品牌的管理能力失去信心。

8．忌生硬的处理手段

其实，危机公关就是有些人说餐企错了的时候，餐企或是承认错误，且承诺正在改正，或是极力辩解没有错的过程。然而，公众所希望得到的餐企信息却不是简单的一句我错了，我正在改，或是我没错。而是，餐企将拿什么来改，餐企为什么没有错。在这样的一个公示过程当中，公众既希望餐企能够拿出有效的措施以杜绝类似事件的再度发生，能够出示相关的证据证明自身的清白。同时又希望企业能够少用专业术语，少点生硬的辩解，多用通俗易懂的语言，多些切实可行的解决方案，这样，才能让公众“心甘情愿”地关注事件处理的过程，才能重拾公众对餐厅的信心。

9．忌只看危机表面，只懂得见招拆招

每一件或大或小的危机事件的发生，都有它的深层次成因，是管理疏忽？是烹饪水平欠佳？抑或是体制不健全？挖掘危机背后潜伏的危险因子继而铲除掉，才能有效杜绝类似事件的再次发生。与此同时，只看危机表面，不懂得通过现象看本质，亦不能参透危机中的“机会”所在，也便很难在公关行动中转危为机。

例如，一个面包过期了却未被及时换下，引来消费者的不满，当时门店经理送了顾客两个面包以表歉意，顾客满意而归。这次事件看似圆满落幕，然而，如果只看事件的本身，而没有深度思考事件发生的背后成因，那么，事件就有可能会再度发生。

10．忌对危机事件走向全凭“猜”

每一个成功的危机公关案例的背后都需要专业、理性、科学的处理态度来支撑。比如，要想把握事件处理的先机，就必须对事件走向、舆论趋势等情况有一个正确的判断与预测，以此为基础，才能策划出及时且有效的处理方案。反之，一路靠“猜猜猜”，一个缺乏事实依据与科学分析的策划方案，往往会令危机公关行动事倍功半。

11．忌无预警与危机意识

每一次总是在危机爆发之后才后知后觉，每一次处理的脚步总是跟不上公关策划的步调，则有可能意味着餐厅的预警机制不健全，或是员工缺乏危机意识。

“好事不出门，坏事传千里”，在互联网环境中，负面信息有着传播速度快、受众范围广等特点，所以，在餐企无网络监测与预警机制的情况下，极有可能在发现负面危机时，负面信息已经蔓延很广，餐企已经处于非常被动的地位；同时，若员工缺乏相应的危机意识，缺乏应对突发事件的经验与智慧，也有可能因延误危机的最佳处理时机而导致公关行动的失败。

12．忌虎头蛇尾

大多情况下，危机处理并不是简单地发一两条声明，开一次新闻发布会就能解决的，中间可能还需要处理一些烦琐的事宜，更有甚者，在危机风口过后，依然会有媒体持续跟进餐企。所以，在危机处理过程中，餐企所表现出来的积极态度一定要有始有终。一方面表现在公关部门的执行力度上面，另一方面也表现在其他部门的配合上面，任何一方面不给力，或是在事件处理中途突然噤声，难免会给公众留以虎头蛇尾的印象。

13．忌变幻莫测

在9大招数中，我们特意强调过要“统一口径”。然而，在真实案例中，发表意见前后不一，处理风格变幻莫测的情况却比较常见。比较普遍的是因内部协调不够，危机出现之后有人认错道歉，有人坚持辩解。或是前面还在为公众描绘一幅温情且人性化的画面，转眼之间又变成了公事公办的语气，如此一来，扑朔迷离的变化就会让公众加大心中的疑惑和猜测，非常不利于舆论的压制与引导。

14．忌捏造事实

在一些公关案例中，为了逃避责任、转移公众视线而刻意捏造事实的企业并不鲜见，而这么做的最终结果无疑都是为餐企“雪上加霜”。在公众追求信息透明化、“朝阳大妈”遍布全国的当下，在媒体与公众的集体攻势下，一些被企业特意隐藏的信息，以及捏造出来的证据等，都已经很难再找到它们的存在空间。一旦隐藏后被挖掘，捏造后被拆穿，将很容易引起舆论的反扑，对企业造成不可逆的负面影响，由此引发的信任危机也将很难再修复。

15．忌偏激发声

在扑面而来的负面危机面前，有些餐企会在第一时间丧失理智，表现在声明中往往会出现偏激、爆粗口等措辞。例如，有的餐企面对负面言论的第一想法，不是反思自身是否真存在问题，而是怀疑是不是有竞争对手在恶搞自己，同时将这种想法表现在声明中，就难免会给公众留下有失担当的印象。又或者，为了让声明起到更明显的效果，有些餐企会在措辞上大做文章，比如无底限卖萌套近乎，不留口德飙脏话，或做一些夸大其辞的保证等，其实，这些都不适合出现在公开声明中。因为在危机当头，餐企正处于信息敏感期，为稳妥起见，餐企应该尽力避开一些具有争议性的语言措辞。

中 篇

取势有道：餐饮品牌公关“十二部曲”

孙子兵法曰："激水之疾，至于漂石者，势也。"

湍急的水流得疾快，以至于漂转巨石，这是由于地势险陡造成的。

同理，餐企在品牌公关过程中一样要善于"取势"，当无势的时候，要懂得如何造势；在无力造势的时候，要学会借势；当势头正旺的时候，还要运势自如。

餐饮品牌公关"十二部曲"系统总结了餐饮界常见的取势之道，"搭战壕"是品牌公关的基础，"策事件"最为复杂、最具难度，各路招数各有亮点，餐企可根据自身实际情况选择性组合使用，对于书中列举案例，切忌照搬照抄。

第一部　搭战壕

【解读】

如果将餐饮品牌公关比喻成一场“品牌之战”，那么，在餐企打响这场战役之前务必做好充分的准备，而“搭战壕”是关键，怎么布局防守线，怎么布局战壕点，兵力如何布置，武器如何配置，根据地设在何处等，都必须思考清楚。

通常，餐企“搭战壕”有 1 个基本点和 2 条主要战壕线可遵循。

1 个基本点：定位点

餐企在进行任何公关传播前，必须对自身有个清晰的定位。这个定位一方面可以理解为餐饮品牌本身的定位，另一方面是基于目前 2 条主要战壕线“微信 + 微博”两个新媒体做的功能性定位。

2 条战壕线：微信 + 微博

互联网时代的环境和用户习惯，决定了餐饮品牌公关传播中无法脱离线上而独立存在，而微信、微博作为主流的互联网新媒体，已然成为餐企品牌公关的主要战壕线。其他辅助的线下传统媒体及线上多媒体流，都基于这 2 条主战壕线而配合存在，相辅相成，共同为餐饮“品牌公关战”贡献价值。

“搭战壕”是餐饮品牌公关“十二部曲”中的第一部曲，也是基础和前提，没有稳固的“战壕”，餐企进行品牌公关传播，犹如失去根据地的战役，无论后边的“战术”多高明，如果没有一个可转化的“落脚点”，即便用户关注进来了，也会因缺乏一个让用户立体了解品牌的“窗口”或线上流量转化的入口而流失。

【案例】

如何进行精准的新媒体公关定位

餐企进行新媒体公关定位的核心目的，是为了塑造自身在用户心中的价值，针对目标用户喜好，用合理的方式呈现并与用户沟通，让用户更容易选择并接受餐厅，最终成为品牌的“传声筒”。

一、微信定位

微信公众号分 3 个类型，每个类型定位都不相同：微信的服务号侧重于服务展示，订阅号则侧重于媒体推广，企业号偏重于内部员工管理。最近，微信又推出了“小程序”，类似一个基于微信环境的内置 APP，用户无需下载即可享受，其对餐厅消费场景满意度和效率提升的价值不容小觑。

如果餐厅主要以客服、订餐、会员管理为主，那建议选择“服务号”；若主要针对餐厅社群粉丝打造一个互动、推广平台，建议选择“订阅号”；当公司规模达到一定程度，内部员工需要一个移动端的沟通平台，公司上下游供应链需要有更紧密的互动沟通，那建议拥有前面 2 种类型公众号的同时，建立一个“企业号”。同时，针对微信最新推出的“小程序”，建议餐厅根据实际情况选择性尝试。基于一定的程序开发，餐厅可独立地在微信环境内设置点餐、外卖、会员数据管理等功能，这是餐厅优化消费场景、将线上线下充分融合的契机。

通常情况下，每个餐厅都会建立服务号并将其作为“主战壕”，是否建立其他两个类型公众号会根据实际情况来定，毕竟建立微信公众号只是第一步，后续的运营工作更为重要，在资源精力有限的情况下，前期建议聚焦服务号运营。如真功夫、麦当劳、九毛九、喜乳酪、木屋烧烤、Kao 铺等餐饮品牌都以服务号作为微信定位，如下图所示。

二、微博定位

微博定位是为餐厅微博在潜在用户心中找到一个精准的位置，它决定餐厅微博的发展方向、格调及微博“战壕线”的其他几大板块。通常微博定位应结合餐厅本身的定位、产品特点、服务特色等，锁定目标对象，挖掘其对产品、精神、情感等方面的需求，从而塑造符合餐厅特性的微博形象。

通常，餐厅微博定位分动态展示类、品牌传播类、电商销售类、粉丝关怀类、主题活动类等。

1．动态展示类

这类餐企开通微博的主要目的是用于展示餐企动态信息，通过微博发布餐厅的开业活动、新品发布、美食推荐等信息，与用户近距离接触，并定期开展一些让利活动促使用户转发、分享微博，以达到宣传企业文化、展示品牌形象推广相关菜品／活动的目的。如 *@星巴克中国*、*@BreadTalk_面包新语*等，如下图所示。

微博地址：http://weibo.com/starbucks

2．品牌传播类

这类餐企微博的主要目的侧重于企业理念、文化及品牌价值的传播，通常为一些国际型连锁餐饮品牌集团总部开设的微博，而产品展示、活动促销等功能基本上由其他区域性单店微博来执行，如*@百胜餐饮集团*官方微博，如下图所示。

微博地址：http://weibo.com/yumchina1993

3．电商销售类

有些餐企通过微博销售自己餐厅的产品，通常这类餐厅不限于在店内烹制美食，还开发了一些适用于零售渠道销售的附属产品，他们充分抓住线上粉丝对品牌的忠诚度，借助微博向粉丝推荐产品，并在线解答粉丝的一些疑问，比较典型的有*@伏牛堂*，如下图所示。

微博地址：http://weibo.com/funiutang

4．粉丝关怀类

微博很大的价值就在于与粉丝进行近距离互动，因此很多粉丝量非常大的大型连锁餐企专门针对粉丝开设了单独的微博号，用于与粉丝互动、顾客关怀，从而更好地服务用户，提高粉丝的黏度、忠诚度及品牌的美誉度。如*@麦当劳顾客关怀中心*，如下图所示。

微博地址：http://weibo.com/u/5260966455

5．主题活动类

有些餐企会定期举行一些大型活动，且这类活动通常具有时间跨度长，参与范围广，有一定文化传承等特点，为此餐企有必要单独开辟一个主题活动类型的微博，用于活动的信息发布、动态新闻发布、活动征集、评选等，如*@肯德基对话 90 后*，如下图所示。

微博地址：http://weibo.com/kfcduihua90

针对以上 5 种不同类型的微博定位，餐厅可根据实际需求、公司规模、品牌定位等需求，综合考量进行选择。通常，小规模单店微博更倾向于动态展示类，当粉丝积累到一定数量之后，可以逐步创建电商销售类微博，当餐厅发展成大型的连锁品牌时，也可以逐步向品牌传播类、粉丝关怀类、主题活动类方面发展。

如何搭建好微信“战壕线”

一、微信“战壕线”的 6 大价值

微信“战壕线”对于餐企的最大价值便是“品牌公关”，它是餐企的自媒体，面向的都是自己的用户与粉丝，无论是用户对菜品的反馈、投诉，还是餐企本身做的各类线上线下公关活动，都承担着一种“品牌传声筒”的角色，对餐厅的品牌公关起着举足轻重的作用。当然，微信“战壕线”的价值远不止这些。初步总结，除品牌公关外，微信自媒体对餐企还有 6 大价值，如下图所示。

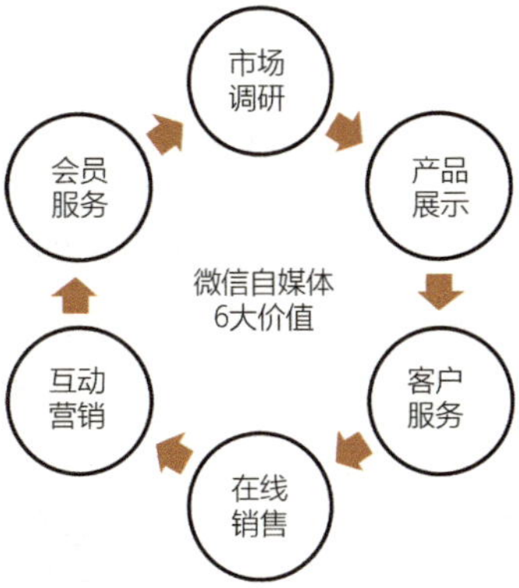

1．市场调研

微信公众平台是一个用户聚集地，它像微博一样能拉近用户与餐企的距离，让餐厅更好地倾听用户的呼声。因此，可通过微信问卷、问答活动、投票等方式展开市场调研，收集粉丝对餐厅满意度、意见、出品喜好度等信息，再经过分析为餐厅的经营决策提供参考。例如，南京大排档在2016年年初，通过微信展开了一场“年终牌粉问卷大调查”活动，用微信代替传统的纸质问卷，收集粉丝的行为习惯、喜好和满意度等信息，从而更好地指导餐厅经营，如下图所示。

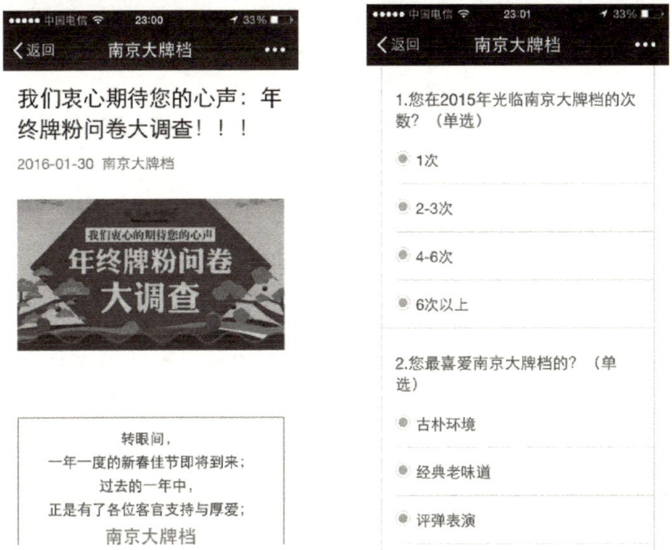

2. 产品展示

微信提供自定义菜单功能，因此可将餐厅简介、品牌文化、菜品服务、最新活动等信息分栏目很直观地展示，尤其对于餐厅的招牌菜、新品、套餐等核心特色做优先推荐，方便粉丝快捷地了解餐厅情况。如木屋烧烤通过微信将招牌美食、新品上市、新店开业等信息着重展示，一目了然，如下图所示。

3. 客户服务

将微信的交流互动功能运用到客户服务之中，具有先天的优势，因为微信具有点对点沟通的私密性，顾客会更加愿意通过微信与餐厅沟通，沟通内容通常是各种疑问、意见、建议及投诉等，这对于提高餐厅顾客满意度和品牌亲和力意义重大。如 Heyyo 喜乳酪通过微信自定义关键回复设置，智能回复用户疑问，并开辟“微信维权”通道，让顾客有更加便捷的投诉渠道，如下图所示。

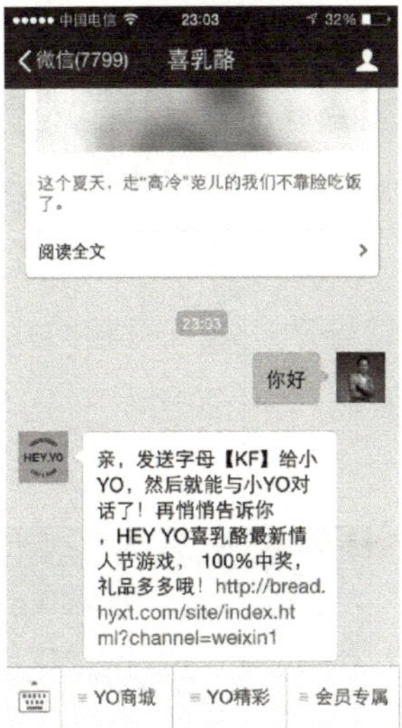

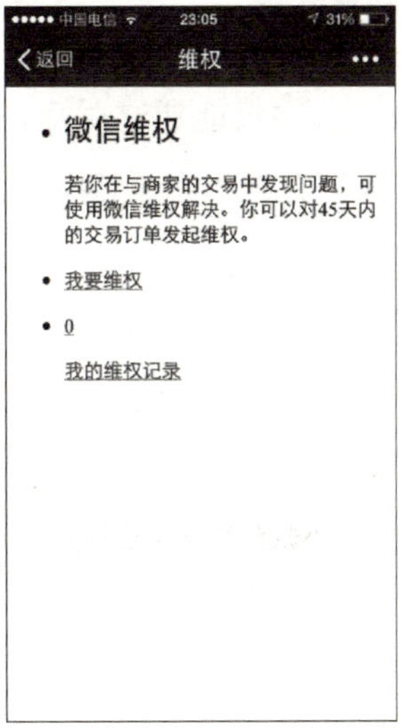

4．在线销售

在支付功能的支持下，微信可为餐厅实现在线订餐、选座、在线支付等功能，大量节约了传统收银、等位的时间，减少了人工成本。同时，餐厅也可利用微信开展外卖派送，增加营收渠道。如“Kao 铺”通过微信平台开通了外卖服务，用户可通过手机直接在线订餐、支付，方便快捷，足不出户便能享受营养美味，如下图所示。

5．互动营销

微信公众平台不仅能通过对话窗口与用户互动，而且能通过在线活动、有奖问答、游戏互动等方式开展营销活动，利用体验券、现金券、奖品等方式，促进用户免费为餐厅做品牌传播，并引流至线下店面消费，增加餐厅营收。例如海底捞火锅在微信上开发了一款叫“摇摇乐”的游戏，通过有趣的线上大转盘游戏，发动一起进餐的朋友关注微信，参与游戏互动，如下图所示。

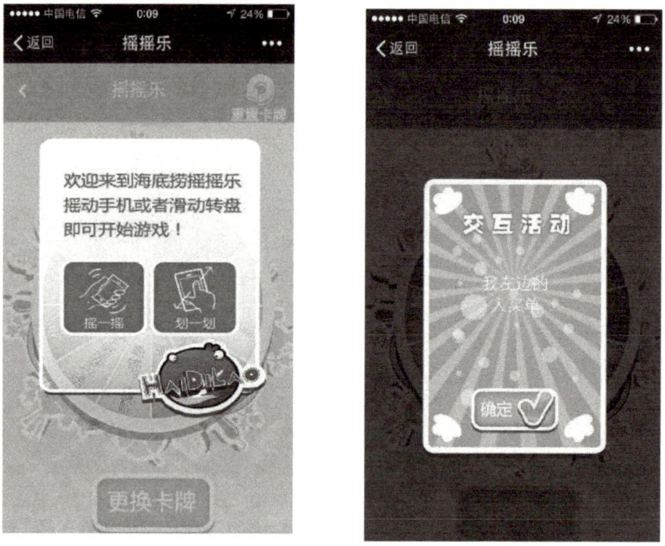

6．会员服务

传统的会员一般采用会员卡形式，电子化程度高一点的餐厅会有一套属于自己的会员系统，用餐时需要出示会员卡才能享受会员折扣。但微信能将餐厅会员卡电子化，用户只需要关注微信公众号，填写相关资料信息即可在线领取会员卡，并可实现在线充值、支付功能，非常便捷。例如南京大排档开辟了“会员专区”，用户可免费领卡、在线注册即可成为会员，用户每次消费的积分都会累积，还会不定期收到餐厅发出的优惠券，促进二次消费，如下图所示。

二、微信运营常见的七大法宝

微信运营的最关键一步是“吸粉”，因为如果没有一定的粉丝基数，开展任何微信营销都显得徒劳无功。所以，如何让线上、线下的用户关注餐厅微信公众号显得尤为重要，通常餐厅粉丝的来源渠道有以下几种。

（1）餐厅内部员工：内部员工应当成为餐厅的第一批粉丝，因为他们是餐厅最忠实的拥戴者，他们认同公司的文化、价值，通过内部员工的朋友圈推荐，可吸引更多人关注公众账号。

（2）线上微信传播：微信号发出的微信图文信息，通过朋友圈的分享传播，能吸引一部分人关注餐厅微信公众号，这部分人也极有可能成为餐厅线下的顾客。

（3）餐厅用餐的顾客：这部分人是微信粉丝的核心人群，几乎占据 80% 以上的比例。因此，如何将线下用餐人员转移到微信公众号，是微信吸粉的关键。

通常，微信吸粉有以下 7 大法宝。

1．关注免费送菜品

这是一个百试不爽的吸粉方式，通常用在新店开张或新品上市期间，赠送的菜品不一定多贵重，但一定要遵循“好吃”原则。如“妈妈菜主题餐厅”举办了“关注微信免费送菜”活动，用户只需要关注官方微信并分享微信图文至朋友圈，即可免费获得秘制小菜一份，并可享受“土猪肉”8 折优惠，如此大幅度的优惠不仅能吸粉，还能充分利用用户朋友圈的价值，让餐厅促销信息刷爆顾客朋友圈，如下图所示。

2. 关注免费打印照片

这个方法通常用在餐厅的等位区域，不仅能转移用户排队等位的注意力，还能为公众号吸引不少粉丝关注，因为所有的照片打印机都会设定一个打印流程，其中第一步便是关注“微信公众号”，然后所有的操作都在微信对话窗口按提示进行。

2016 年 2 月 19 日，长沙开福万达广场 4 楼的麓湘小镇引进了一台照片打印机，餐厅为排队等位的每位顾客提供 3 次免费打印手机照片的服务。据餐厅人员介绍，自从引进了这台手机照片打印机，顾客们在等位的同时认真挑选手机照片、完成打印，成功转移了等位期间焦躁的情绪，使得等位顾客的“跑号率”明显降低，且餐厅的微信公众号粉丝量也直线上升。

3. 关注免费成为会员

一般餐厅的会员都享有积分换礼、会员特惠等待遇。平常会员卡办理也设有一定的门槛，比如消费多少金额可免费办理，或者用钱直接购买等。当这些繁琐且需要付出成本的行为变成“关注微信”便可免费得到时，粉丝的关注热情会瞬间调动起来。同时，为了提高用户的关注率，餐厅要将会员权益进行非常清晰地描述。如“江南印象”公众号举行的“关注即可成为微会员”活动，简单明了，并做了关注引导提示，吸粉效果极佳，如下图所示。

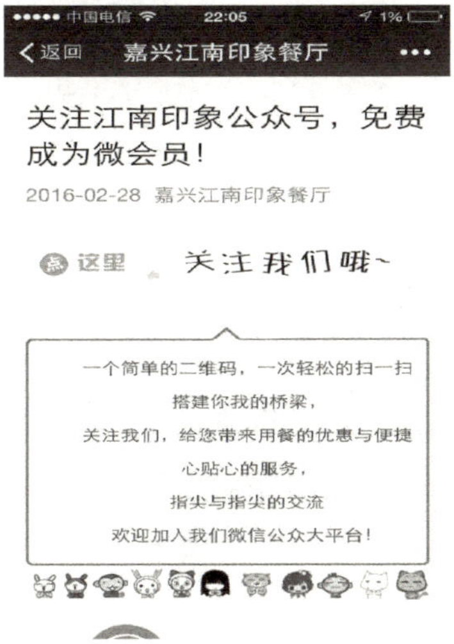

4. 关注免费领取现金券

现金券对于消费者的诱惑力仅次于“现金”，它分两类，一类是设定消费金额才能抵用，另一类是当现金使用，不设任何消费金额限制。很显然后者的吸引力更大。但餐厅也得考虑实际情况，根据金额大小对现金券的使用做合理的限制，毕竟现金券的目的是为了提高顾客二次消费和单笔消费金额，若背离这一初衷，活动就丧失了实际意义。下图为“上菜”微信公众号在双十一开展的“关注送现金抵用券”活动。

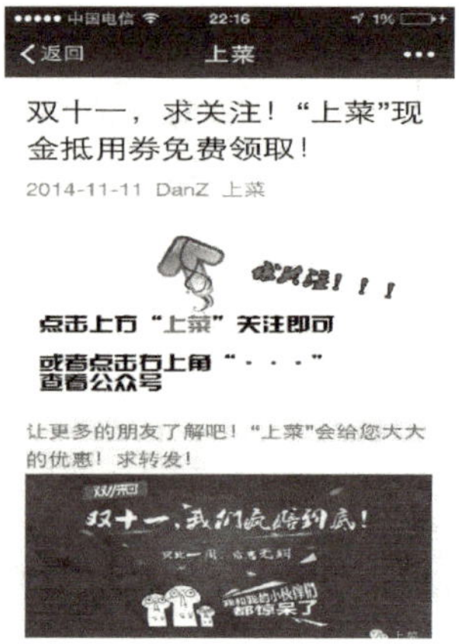

5. 关注参与霸王餐活动

霸王餐顾名思义就是免费吃，这类活动成本相对较大，但吸引力往往也更大。通常餐厅会将“关注微信公众号”作为参与活动的第一条件，后边还会附带其他活动参与规则，且霸王餐的名额会做限制，一方面控制成本，另一方面提高霸王餐的缺稀性价值。下图是“石头府音乐餐厅”举办的第七次霸王餐活动，这类定期举办的活动不仅能够吸引大量的粉丝，且对品牌的宣传也可以起到很大的促进作用。

6. 分享微信图文链接享折扣

这种方式在微信推广早期用得比较多，属于诱导性分享活动，通常这类活动会设定“集赞”达到多少个可享受对应的折扣幅度，并设定一个最高的点赞奖励，直接免单。但随着这类活动的泛滥，微信官方已经明文禁止这类活动。但不管怎样，也无法阻止各大餐厅继续开展这类活动的热情，现在餐厅举办此类活动，建议简化规则，尽量去掉集赞等门槛，分享朋友圈即可享受优惠。如“100 度比萨”举办的“分享打折！点赞白吃”活动，两大优惠同时推出，吸引力非常大，如下图所示。

7．利用节假日做微信活动

为了迎接圣诞节，星巴克在 2012 年 11 月 6 日～ 30 日推出“魔力星愿店”，并在微信上策划了“魔力星愿 12 天”活动。活动期间，关注星巴克微信的粉丝可以通过微信互动获得独家优惠，且每天优惠内容都不一样，如咖啡杯、咖啡粉等。同时，设定了星巴克的专属手机壁纸 12 份，回复数字 1 ～ 12 即可获得。

星巴克此次活动充分结合了圣诞节“许愿”的习惯，通过微信互动不断送给用户各种“礼物”，随机性地送出方式制造了不断的惊喜，定制的 12 份壁纸非常贴心，几乎能满足不同用户的喜好。

最终，“魔力星愿 12 天”活动效果惊人，仅 2012 年 11 月 30 日一天，几小时内，星巴克官方微信获得了近 38 万条粉丝发来的消息，微信粉丝活跃度非常高。同时通过优惠券在实体门店购买商品的顾客数量也很可观。

如何搭建好微博“战壕线”

与微信一样，微博“战壕线”的首要价值也是“品牌公关”。一方面，餐企可利用微博与用户进行互动交流，这算是一种“用户公关”，同时可利用载体进行各类品牌公关活动传播，进行话题事件炒作，提升品牌势能；另一方面，微博也是容易滋生“负面”信息的源头，餐企可借助微博进行有效的“危机公关”，将危机抹灭于无形之中。关于如何进行“危机公关”，在本书上篇“制危有术：餐饮危机公关‘九阴真经’”中有详细阐述，此处不再赘述。

除此之外，微博“战壕线”还具备以下 6 大价值：

（1）传播餐饮品牌文化；

（2）展示餐厅特色美食；

（3）推广餐厅最新促销活动；

（4）销售餐厅最新产品；

（5）品牌危机公关；

（6）在线客服、粉丝互动等。

那么，如何运营好微博自媒体？笔者总结了以下几大核心步骤。

1．微博装修设计

微博装修属于视觉设计范畴，一方面要遵循品牌的视觉设计规范，因为它是企业品牌形象的展示窗口，另一方面也要与微博定位形成呼应，力求装修出一个简洁、美观、大气且符合用户浏览习惯的企业微博界面。

1）微博背景设计

微博背景是指微博主页显示在页眉（也称封面图）和两侧的位置，如下图所示。

*@肯德基*的微博背景美观、大气，不仅与企业红色的 VI（视觉识别系统）用色标准相符，同时与其微博定位——“动态展示类”相一致，“39 元吃过瘾炸鸡桶”的广告宣传展示了肯德基最新的促销活动。

2）微博头像设计

微博头像是企业微博定位的另一个体现，不同的定位类型可对应不同的微博头像，企业微博头像通常以 LOGO 作为首选，如下图所示。

当然，其他定位类型的微博，如*@肯德基对话 90 后*属于活动主题微博，自然

可用活动宣传主形象作为微博头像。

3）微博认证展示

微博认证是展示微博真实性、权威性的重要标识，它分个人认证、官方认证、自媒体认证 3 个类型。开设餐厅属于企业行为，自然选择的是官方认证（包括政府官方认证、媒体官方认证、企业官方认证、网站等其他类官方认证共 4 种）中的企业官方认证。

餐厅微博认证需要具备如下条件。

（1）微博头像应为企业商标 / 标识或品牌 Logo；

（2）微博昵称应为企业 / 品牌的全称或无歧义简称，若昵称为代理品牌，需体现代理区域；

（3）微博昵称不能仅包含一个通用性描述词语，且不可使用过度修饰性词语；

（4）企业提供完成有效年检的《企业法人营业执照》/《个体工商户营业执照》等资料；

（5）微博昵称与营业执照登记名称不一致需提供相关补充材料，如《商标注册证》《代理授权书》等。

2 . 内容

内容是餐厅微博运营的关键板块，是所有微博营销方式的载体，微博内容的好坏直接关系到粉丝是否感兴趣，能否激发用户互动传播的热情。那么，餐厅微博该怎样规划并编写内容？微博内容在什么时间段发布更有效？

1）微博栏目规划

微博栏目就是微博“话题”，它的规划需基于微博定位，且决定了微博内容撰写的方向。如 *@HeyYo 喜乳酪*微博定位为“动态展示”型，栏目基本上都围绕新品推荐、优惠活动、情感小段子等展开 , 如下图所示 。

@Hey YO 喜乳酪微博栏目规划		
时间	栏目	内容
8:50	#Hey,起床啦#	分享最新的吃货达人资讯，或是早安励志语/图文
11:50	#YO 新品#	新品推荐、新品菜单
14:50	#小 Yo 这厢有礼#	每周小创意；每月大活动，有礼寄出
20:30	#喜入被窝#	以冷笑话或是轻松段子，幽默一下，进入美梦

基于以上栏目规划，*@HeyYo 喜乳酪* 常规微博内容发布基本上都会带上栏目话题，且保持一定的更新和互动频率，时间一长，话题页面就会累计一定的粉丝。随着曝光率和互动频率的提升，栏目话题也有可能成为热门话题，获得在微博热门话题排行榜的展示机会，从而增加品牌曝光度。

2）微博内容撰写

餐厅微博每天需保持更新，且大部分内容应围绕栏目规划来创意。文案的表述风格、口吻及素材是否符合目标人群的喜好，内容的时效性、趣味性、互动性等也非常重要。那么，如何制作出一条高质量的微博，下面介绍几种常见的内容撰写方法。

（1）基于菜品撰写微博内容

餐厅是美食制造圣地，因此用微博传播餐厅菜品及特色是一项根本任务，宣传内容包括餐厅的招牌菜式、新品、爆品等。每道菜的食材、工艺、营养等信息如何以一种有趣、用户不反感的方式撰写出来，考验的是文案创作人员的功底。

例 1：*@星巴克中国*在夏季新品推出前一天，发出了“明天，让我们一起 # 玩出夏味 #，谁会第一个来尝鲜？”的微博，并配以 1 张新品海报图，简单的一句话将星巴克新品上市的信息带出，让人倍感亲切，如下图所示。

例 2：*@叫个鸭子*沿袭一贯的“段子风”，新品“鸭货专辑”菜品还未推出，便从 2 个不同的角度拍照片抢先分享给用户，且用“姿势”两字进行调侃，让人忍俊不禁的同时，对这款即将推出的新品充满期待，如下图所示。

（2）基于活动撰写微博内容

一般餐厅都会不定期举行各种活动，因此微博自然成为餐厅活动的重要传播工具。一般微博活动都伴随利益承诺和诱导分享关注，所以通常能在短时间内吸引粉丝关注，并形成大规模传播。若将餐厅线上与线下活动联动，还能将一部分线上粉丝引流至线下餐厅用餐。

例 1：*@外婆家*餐厅在情人节发起了“外婆带你有礼过情人节”活动，线上送出 100 张现金券，参与方式：只要转发 + 关注 + *@外婆家* +@1 个好友即可，活动引起大量转发，吸引上千粉丝参与，如下图所示。

例 2：*@满记甜品上海有限公司* 发起了“参与投票送出 50 元代金券”活动，在奖品力度并不大的前提下，也吸引了上千人参与活动，如下图所示。

（3）基于品牌撰写微博内容

在微博上进行品牌推广是品牌传播型微博的特点，基于微博用户基数大、信息呈现开放式且传播速度快等优点，对餐厅品牌定位、理念、价值、公益活动等内容进行传播，以提高餐厅品牌知名度和美誉度。

例如：*@百胜餐饮集团* 长期举行的“捐一元”公益活动，打出“捐出一元钱，为贫困山区孩子提供营养加餐”口号，充分调动了用户对弱势群体的同情心，也让百胜餐饮旗下餐饮品牌瞬间有了人性的温暖，品牌美誉度也大幅提升，如下图所示。

（4）借热点撰写微博内容

借热营销是微博营销里常用的手段。每天都在发生各种热点事件，包括娱乐八卦、体育新闻、突发事件等，时刻吸引着大众的眼球，微博自有的“热门话题”“热门微博”“微博热搜”等都会对每天发生的热门事件进行推荐，因此，若能借势热点 IP 撰写微博内容，通常能在短时间内吸引大量用户关注。

例 1：*@黄太吉传统美食* 在 2015 年国足亚洲杯 1/4 决赛第二场对决澳大利亚的比赛中，借势发出“你若胜利，我就免费”的对赌，只要国足晋级，黄太吉所有门店所有产品全部免费，直到卖光营业结束。此条微博充分吊起了粉丝、球迷的兴趣，黄太吉此举引来网友激烈讨论，如下图所示。

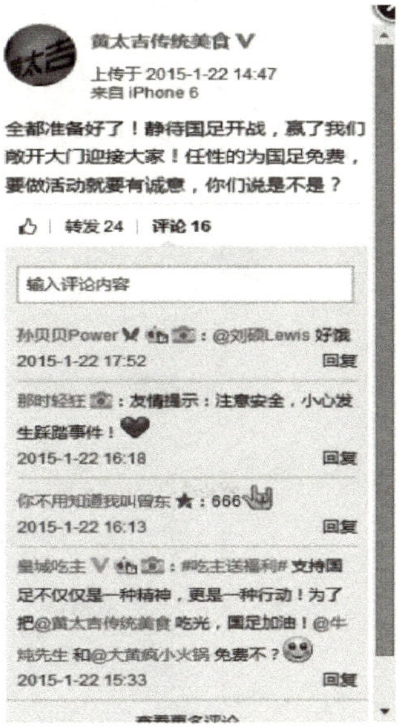

例 2: *@肯德基* 自从与当红明星鹿晗签订代言协议，之后微博上关于鲜肉“鹿店长”的热点微博就没有停歇过，即便如此频繁，凭借自有粉丝群体及鹿晗个人 IP 力量，每条微博转评数都高到惊人，如下图所示。

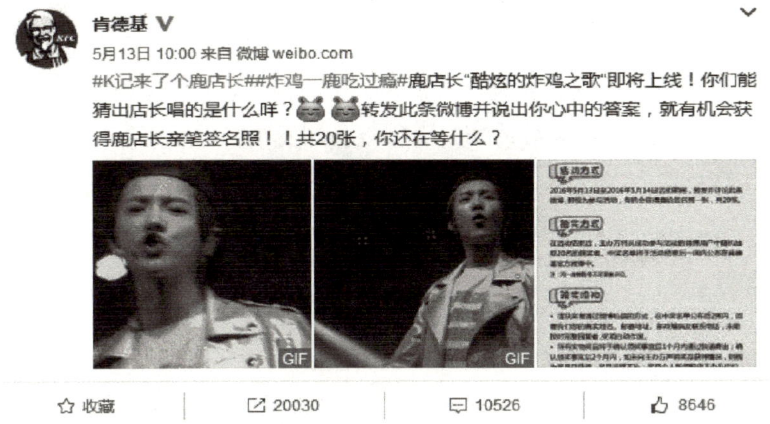

（5）基于提问撰写微博内容

微博是一个沟通互动的平台，为了让用户踊跃参与互动，餐饮微博管理人员可从多角度对粉丝进行提问，提问可偏趣味、偏科普、偏奖励、偏段子等多种类型，关键要与品牌、产品或服务相关联。例如*@麦当劳*非常擅长于填空形式的提问，经常会就美味的吃法、特性等向用户提问，这样在娱乐中无形植入了产品特性。

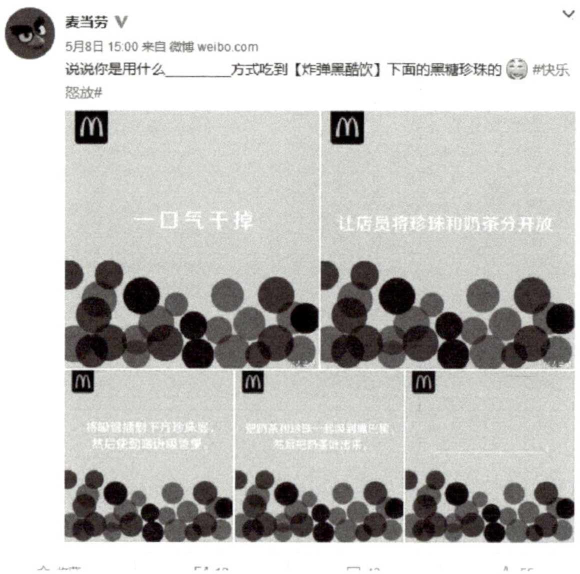

3）微博发布时间

微博发布的时间，与用户浏览微博的习惯密切相关，通常餐厅应当选择在顾客闲暇、刷微博的时候发布，这样内容到达率才会高。实践证明，同样的微博内容在不同的时间段发布，其转评数和点赞数会相差很大。

通常工作日期间（周一至周五），用户的微博活跃时间集中在上午 7:30—9:30、中午 12:00—13:30、下午 6:30—7:30、晚上 9:30—11:00。节假日会与工作日有所不同，用户通常会在 13:00—14:00、19:30—21:00、23:00 前后比较活跃。

3. 互动

微博互动是餐厅拉近与消费者距离，进行情感沟通的工具，也是增加微博粉丝活跃度、黏度、忠诚度的方法。那么餐厅该如何进行有效互动？

微博互动分为常规互动和内容互动两种，常规互动包括转发、评论、点赞、私信、

@、话题、留言板、检索关键词等互动工具，内容互动更多侧重于微博运营的“内容板块”，以微博内容为王，通过趣味、利益等方式，吸引粉丝互动。

例如，*@麦当劳*微博在5.20当天，发起了#愤怒的小鸟大电影#话题微博，并*@电影愤怒的小鸟*，引起了1297个转发、209个评论，以及42个点赞。基于线上活动，还发起了“免费赠送电影票”活动，因此从互动形式上看，它覆盖了“常规互动”和“内容互动”2个层面，如下图所示。

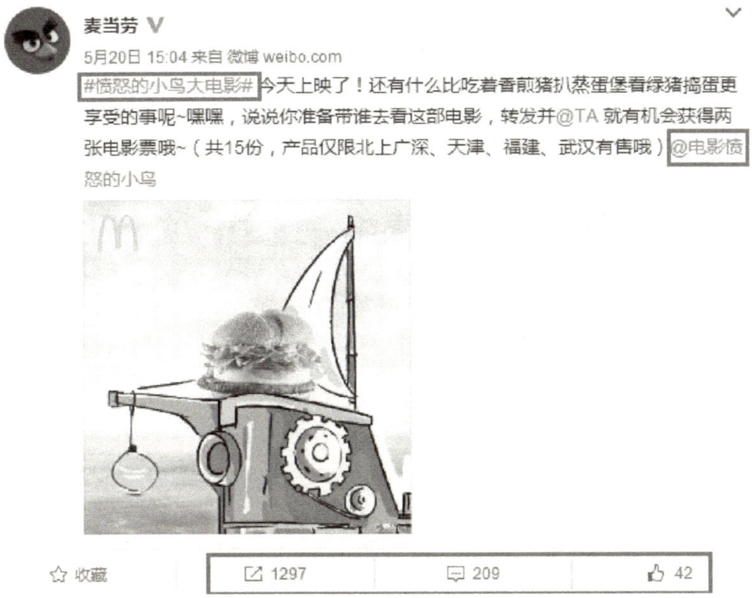

同时，就上述案例而言为了将此次活动的效果最大化，吸引更多粉丝参与，微博运营人员还可以将活动内容对粉丝进行选择性私信、留言，甚至可以检索“愤怒的小鸟”“电影”“娱乐”“520”等类似关键词的微博，再进行互动评论，并植入麦当劳此次的活动信息。

如何配置“战壕”工作人员

餐厅“战壕”搭建是一个系统工程，要想搭建出一个布局周密、有战斗力的战壕，需要有组织有协调地去执行。对此，很多餐企高薪聘请专业新媒体运营人才，甚至成立了新媒体公关部门。

1. 餐企该如何配置新媒体人员

常规的单店餐厅，建议配备一个专职的新媒体文案写作兼运营人员即可，其他设计人员可选择外包或者跨部门合作等方式。

对于有一定规模的连锁型餐饮品牌，一般需要配备新媒体运营经理1人、运营专员1～5人，若有计划定期开展一些大型的线上活动，可能需要再增加人员配置，具体还需根据工作需求来定。

2. 新媒体人员日常都干些啥

作为餐企新媒体运营的统筹者，运营经理需要承担以下职能：

（1）制定餐厅新媒体运营策略与执行方案；

（2）建立餐厅新媒体运营的标准化流程和考核制度；

（3）参与餐厅的市场营销推广，与品牌部、销售部、楼面部等部门配合，定期策划并执行新媒体营销活动，提高粉丝活跃度；

（4）对线上粉丝行为进行分析，掌握粉丝喜好、行为习惯，并制定相应的粉丝互动策略；

（5）对新媒体运营专员进行专业培训，并设定考核指标，提高运营效率。

作为新媒体运营专员，通常需要承担以下职能：

（1）负责具体的微信微博内容撰写、发布；

（2）定期更新、维护官方微博微信，与粉丝进行互动管理；

（3）参与新媒体运营策略的制定，定期策划并执行新媒体营销相关活动；

（4）跟踪分析新媒体营销效果，分析数据并进行反馈，对新媒体营销策略调整提供指导。

3．新媒体运营培训与考核

工作职能确定后，需要对新媒体专业知识与操作技能进行培训，包括微信微博基础使用方法，微信微博平台运营、推广知识及新媒体营销操作技巧和相关工具的应用等，让每一个新媒体营销部门员工都非常熟悉新媒体的基本运营方式。

同时，为了让新媒体运营落到实处，需对每个工作人员制定相应的绩效考核指标。通过绩效激励，一方面可以提高员工运营的积极性，另一方面可以通过惩罚避免无效运营。

第二部　蹭热点

【解读】

“蹭热点”是餐厅“取势”惯用的方法，餐厅为了提高用户关注度和品牌势能，想方设法与各类热点产生关联，或借助热点做一张海报，或开发一款线上互动游戏，或做一场用户让利活动等，方式不一，目的却基本一致，希望借助热点将餐厅打造成一个强 IP，为品牌积蓄势能。

所谓的热点是指一定时间内广受用户关注、热议的新闻或者社会舆论，大多集中在重大事件、时事新闻、热播电影、游戏等方面，通常会抢占时下主流信息入口的热门榜单，如微信热搜榜、微博话题排行榜、百度风云榜等。

餐厅“蹭热点”需保持对各类热点的敏感度，关注各类热门榜单，并合理及时切入，甚至能对某些热点提前预知，第一时间切入效果更佳。当然，借热点是个妙活，“拿来主义”并不是所有的热点都适用，适合别人餐厅借势的热点并不一定适合自家餐厅，如何借？什么时候借？从什么角度切入？都非常有讲究！

【案例】

新辣道跨界“联姻”小时代　巧借热门电影

近年来，娱乐影视业的蓬勃发展，让“电影”有着其他行业无法比拟的用户数量，也就是互联网常提的“粉丝”。一部热播电影动辄上亿的票房，注定让它在上映期间会成为人们热议的焦点。

此时，餐饮品牌一旦与影视热点结合，不仅能为餐厅带来强大的品牌势能，拉近与粉丝的距离，若能彼此深度合作，还能低成本提升餐厅消费体验，为餐厅创造新的营业增长点。新辣道鱼火锅与电影《小时代3》的合作便是非常成功的典型案例。

2014年6月，伴随电影《小时代3》的上映，各种形式的宣传造势铺天盖地，充分吊足了观众的胃口，加之与同期上映的电影《后会无期》的对炒，以及媒体多层面的挖掘和渲染，使之成为了2014年中国电影市场的绝对主旋律。而正在电影被热炒之时，6月3日，微博大V *@电影小时代*转载的一条关于商场里新辣道的媒体广告，抛出了第一波小悬念。

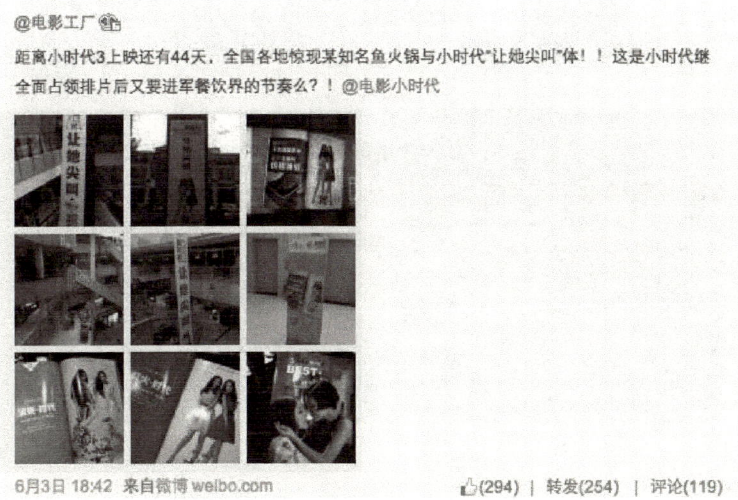

随后的6月4日，新辣道鱼火锅的官方微博发布了一组主题为“who care?”的系列海报，以曝《小时代》剧照的形式再次引发网友猜想。

6月7日，资深娱乐圈爆料人“长春国贸”微博再度爆料：新辣道在郭敬明生日当天将门店打造成了小时代主题餐厅，聚集小四粉丝，为小四举办了庆生会。新辣道这是在向要进军餐饮界的郭敬明示好？还是借势小四生日再度将新辣道与小时代捆绑？这引发了大量网友对事件发展的进一步期待。

随后，在网友对《小时代3》与《后会无期》的激烈辩论中，新辣道首先表明力挺小时代和郭敬明的态度，并将新产品与电影角色挂钩，根据产品的味道和角色的性格将2者进行一一搭配。6月11日，新辣道鱼火锅在其官方微博上发布了一组将 4 种套餐与 4 姐妹的迥异个性有机结合的悬念海报，赋予了鱼火锅更多时尚和小时代内涵。

6 月 19 日，官微继续曝出一系列创意拼图，鼓励粉丝们竞猜小时代套餐神秘定制礼物。不得不提的是无论是套餐征名还是礼物竞猜活动，揭晓日期都是神秘的“6 月 25 日”。

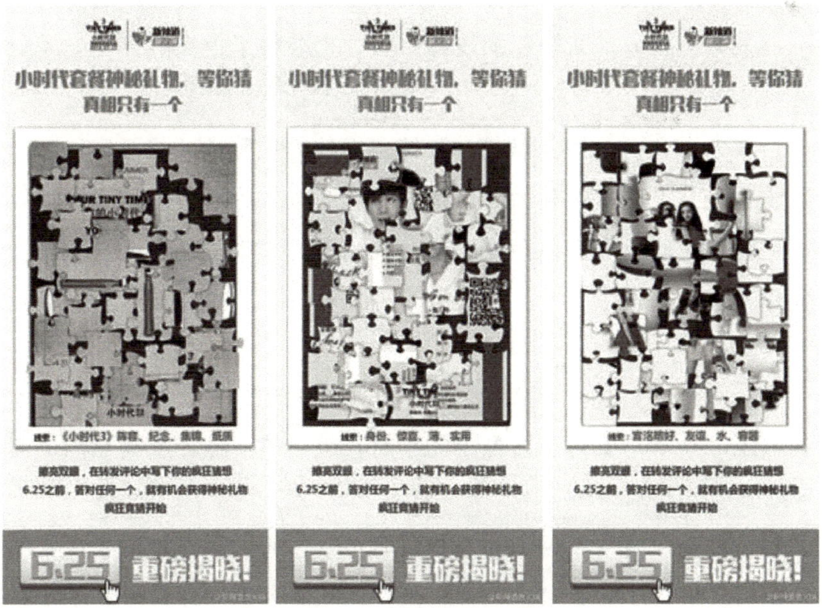

随后，6 月 22 日，23 日，24 日，新辣道官微抛出了最后一波悬念，连续放出

一组倒计时海报，喊出了要颠覆时代、疯狂时代和热辣时代的口号。最终，在万众期待中，新辣道鱼火锅于6月25日召开了新闻发布会，正式对外宣布与电影《小时代3》跨界“联姻”。双方将在微博、微信等新媒体社交平台相互传播，新辣道还将推出以小时代人物命名的套餐，开启餐饮行业3.0时代。

在横跨一个月的造势中，新辣道对《小时代》的声援，使得这个以“新辣”著称的美食品牌站到了风口浪尖。当然，借助新辣道餐厅多渠道的宣传造势，《小时代3》电影曝光量也大增。回过头来，我们分析新辣道“蹭”电影热点的高明之处，无外乎以下4点。

1. 互为媒体，传播对方

很显然，餐厅有终端、有客流、有注意力，热门电影有话题、有内容、有噱头、有流量，以双方粉丝吻合度高为前提，互为补充，能最大限度地节省传播成本，提升传播效率。

推广期间，新辣道将商场里投放的自主货源的媒体广告，全部替换成双方合作的小时代版新辣道菜单，并配合终端门店实现双重传播覆盖。而此前小时代微博转载了一条关于商场里新辣道的媒体广告，也获得了很高的评论转发量，为新辣道的品牌传播助力。

同时，双方以各自的线上微信、微博自媒体为主阵地，相互宣传，导入新辣道鱼火锅通过近十年积攒的黏性会员及小时代明星效应所带来的忠实粉丝，在优势传播资源互补的情况下，在自媒体粉丝推动下，形成了新辣道与小时代线上线下百万级的粉丝交互。

2. 线上线下，粉丝互动

数据显示，新辣道6月1日推出的小时代版菜单，顾客反响热烈，前期试点的平均客流量增长了34%。

据了解，粉丝在发现新辣道小时代版菜单后，通过微博微信表达希望在新辣道举办郭敬明庆生活动的要求，注重粉丝互动的新辣道欣然接受。正是在这次粉丝聚会中，新辣道了解到粉丝希望有一个专属于小时代的套餐，让他们看着小时代电影，吃着小时代套餐。

于是，便有了后续的“小时代套餐”，包括套餐的命名、小时代专属礼物定制等都源自粉丝的建议。也因此，“小时代”套餐成为行业首个由粉丝发起、粉丝命名，并实现粉丝心愿的产品。

3．联合推出，销售分成

“小时代”套餐由新辣道与小时代片方联合推出，新辣道出食品，小时代片方拥有有关电影精神层面的知识产权，并提供随套餐附赠的衍生品，销售后双方再分成。

对此，新辣道启动了微信服务号端口“小时代套餐”的线上预售，让客户通过线上了解新辣道鱼火锅和小时代套餐，并可直接通过微信实现支付，线上获取购买凭证线下消费，充分完成了 O2O 营销闭环。据不完全统计，该套餐一个月售出 5000 多份。

4．顺势众筹小时代主题餐厅

此外，新辣道鱼火锅还在发布会上公布了将联合追梦网发起“小时代主题餐厅”众筹项目，发动粉丝的力量，众筹小时代主题餐厅，最大限度发挥《小时代 3》超级 IP 的价值。

挖掘热门游戏 IP　植入美食元素促进销售

提及热点，有着近 4 亿用户量的游戏领域无疑是一个热点多发地，例如《王者荣耀》《剑网 3》等热门游戏的日均活跃用户量少则几百万，多则几千万。近几年，游戏行业的 IP 争夺战进入白热化状态，餐饮行业作为先天的流量集散地，也逐渐被很多游戏运营商所看好。一个侧重于线上流量，一个侧重于线下，两者若能充分结合起来，定是一个双赢的绝配。

2015 年 1 月，巨人网络与餐饮企业雕爷牛腩达成跨界合作，双方将在各自领域植入对方品牌元素，并联合进行营销推广活动。在双方的合作方案中，雕爷牛腩授权《战国破坏神》为其制作同款的特色道具“雕爷牛腩面”，并在游戏中设置基于“雕爷”孟醒本人形象改编的 NPC（非玩家控制角色）及对应副本。同时，《战国破坏神》授权雕爷牛腩在北京和上海所有门店迅速推出同款特色菜肴。

此外，双方还就此联合推出了“雕爷牛腩万份美食，请全国玩家吃饭”活动，即自《战国破坏神》1 月 23 日不删档测试到 6 月 23 日期间，玩家登录游戏进入专属任务获取掉落的雕爷美食卡，集齐一定数量，即可到北京和上海的 8 家店铺兑换相应价值的雕爷牛腩王牌菜品。同时，玩家在雕爷牛腩也可获得雕爷美食卡，在游戏 NPC“雕爷”处可兑换大量珍稀游戏道具和限量时装坐骑。

这样的跨界深度合作，可谓双赢。一方面，《战国破坏神》游戏运营方让玩家体验到了“打副本、掉美食卡、到店免费吃美食、兑换超级坐骑”这样一个从线上玩到线下再回到线上的全新体验；另一方面，雕爷牛腩借助《战国破坏神》的植入式推广，极大地提高了品牌在目标用户中的曝光度，并以各类道具和美食卡为诱饵，引流至线下餐厅，从而提升餐饮营收。

同样“蹭游戏热点”的方法，早在 2014 年就让真功夫受益颇多。2014 年，中式快餐第一品牌“真功夫”与 3D 武侠旗舰之作《剑网 3》启动战略合作，并于 6 月 16 日，在扬州推出“真功夫”首家虚拟饭馆，现场各种人气角色“功夫龙”助阵饭馆表演功夫动作，并推出线上点单送出“剑网”周边挂件的活动，首轮活动期间华南 256 家真功夫门店还推出“神秘惊喜”以吸引消费者。

“真功夫”与《剑网 3》共推“云耳焖鸭饭”和“咖喱鱼蛋”两款岭南特色美食，侠士们在现实中可以通过“功夫送”订餐品味原汁原味的料理，在游戏中食用两款美食还将获得瞬间恢复马术气力值、轻功气力值的强力效果，助力侠士畅爽轻功游遍大唐江湖。

同时，《剑网 3》的全新文创产品“少林脑人”公仔也首次在“真功夫”门店展出，侠士网上点单将有机会获得惊喜激活码。此后，真功夫还推出了《剑网 3》功夫月饼，5900 盒几乎在推出首日便全数售罄。

通过案例，我们发现，无论是雕爷牛腩还是真功夫，餐厅借势热门游戏进行品牌营销的前提都是目标用户的高度吻合性。这些游戏爱好者既可以是一个骨灰级的游戏玩家，也可以是一枚资深吃货。利用游戏场景里必不可少的美食元素宣传自家产品，也是餐厅蹭游戏热点里常用的手法，即“设置游戏专用套餐和游戏衍生文创品”，并以此为诱饵，一方面将游戏线上流量引流至线下餐厅，另一方面将线下餐厅流量转化为游戏线上流量，并通过衍生产品实现餐厅流量再次变现。

【总结】

当然，“蹭热点”不限于热播电影、热门游戏，一些体育赛事、娱乐八卦、选秀节目等也都可用于餐厅的品牌宣传。例如，深圳一家名为 Teabank 的精品茶饮店，在 2016 奥运会期间推出奥运五环系列饮品；西贝赞助“2015 北京马拉松”，以“为健康加莜！”为主题，参与到本届马拉松的各个环节中；“老碗会”组织高管为“2017 磨房深圳百公里”助力，沿途捡垃圾并免费送美食；某餐厅在神舟飞船发射期间推出“神舟太空套餐”等，都是餐厅借热的典范。

那么，餐厅究竟如何“蹭热点”？有以下 3 点值得注意。

1．热点选择：紧贴品牌价值

对于热点的选择，餐企往往不知如何取舍，因为每天发生在周边的热点事件太多，并不是每个热点都适合餐企，究竟哪一个热点最适合借势？所以，餐企在蹭热点之前，应先分析热点与餐饮品牌或产品价值的关联度，不宜生拉硬扯，牵强附会。

例如，新辣道选择“小时代”电影进行借势，而没有选择同期热播的其他电影，很明显是考虑到《小时代 3》粉丝人群与新辣道鱼火锅的年轻消费人群的一致性，且抓住了 80、90 后这一代互联网传播能力极强的主流人群，更利于品牌的快速传播。

2．热点切入：讲究匹配度

当餐企确定了要蹭的热点之后，就应当梳理热点事件的核心关键词和切入点，并从中选取与品牌相匹配的点切入，并围绕相关联的关键词进行内容创意。通常餐厅可以从菜品命名、热点套餐、定制赠品、游戏互动等角度进行热点切入。

例如，新辣道的“小时代套餐”，真功夫的《剑网 3》功夫月饼，“少林脑人”公仔等，都是找到了餐饮品牌与热点的最佳匹配度，场景真实，植入巧妙，丝毫不会让用户觉得反感。

3．节奏把控：契合热点属性

节奏的把控直接关系到蹭热点的效果。一个合理的传播节奏，能让热点的价值最大限度地发挥。

餐企可根据热点本身的属性来制订一个大致的传播节奏，类似电影、体育赛事、娱乐选秀这类能预期的热点事件，可提前 1 个月左右开始启动推广计划；对于没有预期的突发性热点，应该保持敏感的嗅觉，在事件发生后第一时间反应，快速介入传播。

第三部　造话题

【解读】

造话题，是品牌知名度打造和价值“塑造”的重要公关手段。通常，它借助现有的社会热点或者制造一个具有传播性的话题，通过社会化媒体传播，短时间内吸引用户关注，并引发网友讨论和媒体曝光。

品牌公关传播是一个持续的过程，一个餐饮品牌在进行年度品牌传播过程中，需要由多个大大小小的话题进行组合式传播，每个季度制造一个大话题，每个月甚至每个星期制造几个小话题，多维度、多层面切入，持续保持品牌在用户和媒体面前的曝光热度，不断为品牌势能加码。

当然，话题的选择和切入很有讲究，选择怎样的话题对餐厅的口碑有良性影响，在什么时候制造话题、传播话题效果更佳，要制造一个能让媒体关注的话题需要具备什么要素等，这些都是餐厅必须在实践中不断摸索的课题。

【案例】

国内首家第二代机器人餐厅　会炒菜会卖萌会表演

如今，机器人餐厅、无人餐厅等携带黑科技的餐厅早已不是什么稀奇的事情，但在3年前若有一家机器人餐厅不仅拥有一台只会迎宾说“欢迎”的傻瓜式机器人，而且配备一系列具有不同功能属性的“智能机器人”，这些机器人不仅可以为用户点单，而且能炒菜、送餐、表演节目等，那肯定是一件很稀奇甚至让人尖叫的事情。

2014 年 8 月，在苏州昆山诞生了国内首家第二代机器人主题餐厅中，在那里你可以看到机器人为您端茶倒水，可以品尝到由机器人“亲手”炒的菜，煮的饺子，还可看到机器人“大黄蜂”献上的精彩表演，宛如进入了“科幻世界”。

据了解，这家餐厅其实是昆山某机器人公司旗下的体验式餐厅。300 多平方米的餐厅，被一条黑色光学感应磁条轨道环绕贯穿，机器人们就是通过光学磁条感应技术为食客们提供餐饮服务。这是苏州开设的首家机器人主题餐厅，论起餐厅规模，使用的机器人数量、型号，该餐厅在国内也是首屈一指。

大家最早接触的第一代机器人只能机械地做一些简单的动作，但这家餐厅里的 15 位机器人不光能烹炒煎炸，还能与顾客们近距离互动。它们有的负责迎宾，有的负责点餐、传餐，厨房里还有 3 位机器人负责炒菜，2 位负责烹炸，还有 1 位专门负责煮水饺、下面条。例如名叫“铁皮”的机器人，主要工作是负责顾客的安保，它站在餐厅的门外，会对每一个进店的顾客闪闪眼睛抛着媚眼打招呼说：“你好！我是铁皮，是擎天柱的老表（表兄弟），我的主要工作是负责顾客的安保，也是擎天柱的私人保镖！”

而最受孩子们喜欢的是餐厅左边巨大且威严的变形金刚“大黄蜂”。顾客只需要投币，“大黄蜂”就会唱歌，手臂、头部、腰部随着音乐摆动，这不仅增加了餐厅的趣味性，也是增收的一种方式。

负责点餐和传餐的机器人身高只有 1.2 米，看上去是“萌萌哒”的造型，当顾客坐好后，会递上菜单，为顾客下菜单。当厨房里的机器人完成菜品后，工作人员用按钮给送餐机器人下命令，送餐机器人就会根据座位编号，准确无误地把饭菜送到各个餐桌前，并说：“你的菜到了，请慢用。”

机器人主题餐厅开业的消息一出，引来周边络绎不绝的消费者进店围观、消费，餐厅生意持续火爆，广大用户不仅为新一代“智能机器人”点赞，而且纷纷拍照合影发朋友圈，引来更多人进店消费。同时，新华网、现代快报等本地及全国媒体也纷纷报道此家餐厅，无形中给餐厅打了免费的广告。

大奔变身送餐车　“高格调”超夸张引热议

互联网餐饮发展到今天，昔日第一批走进人们视线的互联网餐饮品牌，有些发展依然蓬勃，拓店速度、门店盈利能力及在资本市场的受追捧度依然强劲，有些却饱受争议，在用户与媒体的多次“口水战”中岌岌可危。但无论如何，他们在互联网营销上给整个餐饮行业的启发，依然值得所有餐饮人学习和尊敬，例如，黄太吉创始人赫畅开奔驰送外卖这件事，依然是餐饮界“造话题”的榜样。

80后卖煎饼果子年入500万　开奔驰送外卖

2013-06-24 16:24　来源：网易财经

2013 年 6 月，有这么一篇报道“亮瞎”了网友的眼睛——“80 后卖煎饼果子

年入500百万，开奔驰送外卖”，这新闻一出，引发了网友一系列的疑问，是谁把煎饼果子做出了如此高的“格调”？能年入500万元，还开着奔驰送外卖？就这样，赫畅开着自家的奔驰车送煎饼果子的话题刷爆了微博，让黄太吉的微博粉丝激增的同时，也为煎饼果子带来了一大批“高格调”的消费者，一段时间内店内生意持续火爆。

赫老板开奔驰送外卖的话题余波未散，黄太吉家的老板娘又亲自上阵了，很多网友表示，看到老板娘亲自来送餐，感到很新鲜也很感动。赫畅在一次采访中也说道：“好像我们不是送餐员而是明星，看见我们就拍照，看到老板娘开奔驰送餐，觉得是件很酷的事情，很好玩。”

赫畅的确做了件很酷的事情，把传统的街边小吃搬进了CBD的大楼，将煎饼果子这个小生意做成了风生水起的大买卖，赫畅的一连串“话题”功不可没。

与此同时，在2015年的10月，我们又看到一位郝姓老板开上大奔送起了外卖，不过这次送的不是煎饼果子，而是水煮牛肉，虽然也见有媒体报道，但消费者对此次“奔驰送外卖”的新闻关注度明显下降，品牌的宣传效果自然大打折扣。

颜值高可免单 靠脸吃饭遭疯传

2015年1月，郑州市一家咖啡餐厅打出了“靠脸吃饭”的噱头，并宣称“长得好看就能免单”，吸引了无数当地网友的关注。

据了解，凡进入该店消费的顾客都可以在门口的“容貌扫描仪”上进行扫描，获得相应的扫描码。顾客凭借扫描码排队点餐的同时，就会有整形专家根据标准对顾客容貌进行打分。每半小时，容貌得分最高的前五名消费者，便可享受免费用餐福利。

商家此招迅速吸引了用户和媒体的关注，网友纷纷转发朋友圈，媒体也将此作为奇闻趣事报道，一时间，“靠脸吃饭”成了郑州市民乃至全国网民们热议的话题。

事实上，基于人们的好奇心理，这种看似专业的“测试”往往深受青睐。相较免单的诱惑，消费者对于自身颜值的打分或许更感兴趣。抓住了人们的心理，“靠脸吃饭”的话题便很快在网上传播开来。

在这场噱头十足的话题中，商家不仅凭借免单的巨大优惠吸引了不少消费者，其奇葩的免单依据更为人们贡献了极大的谈资。试想，若有消费者幸运地享受到了免单福利，这么“长脸儿”的事情自然少不了炫耀一番，与顾客在朋友圈的“大肆”宣传相比，免单的成本也就微不足道。关键是“靠脸吃饭”这一话题引发的舆论也让媒体为其做了大量的免费报道，极大地拉升了餐厅的品牌势能。

几乎在这家餐厅以“靠脸吃饭”话题火遍全国之时，另外一家全国连锁型餐厅“Kao 铺”也迅速创新了“靠脸吃饭”活动 H5，并迅速刷爆了朋友圈。该活动以“Kao！脸吃饭——长得好看，就能免单”为主题，用户只需要上传本人一张清晰的照片，通过即可免单（享受 20 元现金券，20 元以内消费免单）。同时，用户还可以免费获得“K 卡”一张，消费者只要集齐 12 张不同颜色的“K 卡”，即可到店兑换价值 138 元的“老枝花卤”大礼包一盒。

蹭着“靠脸吃饭”的热点，“Kao 铺”巧妙将“Kao 文化”植入其中，并以另一种简单易操作、易传播的互联网方式将话题再次引爆，不仅为餐厅快速引流，

带来了人气的增长，且通过趣味性的互动小游戏，强化了 Kao 铺“好玩、有趣、互联网”的品牌文化，提高了品牌知名度和美誉度。

【总结】

在“造话题”与“蹭热点”两大取势之道之间，有着很强的关联性，通常一个成功的“话题”发展到一定程度，自然会成为一个“热点”。同样，“热点”在传播过程中，也会衍生不同的话题点。但两者也有着不同的侧重点，“蹭热点”是基于现有热点进行“话题传播”，“造话题”是制造一个新的传播点，这个传播点发展到一定的程度，极有可能成为一个“热点”，这也是“造话题”的目的。

那么，如何制造一个成功的话题，通过以上几则案例，发现有两个关键点。

1．话题制造：两大价值塑造非常关键

（1）炒作价值：话题要刺激，要新鲜

话题本身要具备一个甚至多个炒作点，这些点可以引起人们好奇，引来大批用户关注，并能勾起用户分享的欲望。

就如上文描述的“靠脸吃饭”，因为切入及时，话题新鲜独特，最终用户非常愿意免费为品牌传播。相反，都是“开奔驰送外卖”的话题，发生在 2013 年能引起轰动，但在若干年后“故伎重演”，因为失去新鲜感，效果自然不佳。

（2）品牌价值：对餐厅的长远发展产生良性影响

“造话题”切忌为了吸引关注而无底线炒作，忽略了消费者对于餐厅的期望值。应尽量围绕餐品和服务进行，充分考虑餐品及餐厅本身的定位与未来的发展方向，顾及消费者的心理活动轨迹，合理引导话题舆论发展，制造对品牌有正面影响力的效果，而非只图一时的名声大噪。

2．话题传播：一场“围观用户”和媒体的接力赛

（1）引起围观群众的传播

话题炒作的第一步是必须引起“围观群众”的关注，一方面基于话题本身的传播性自行发酵，同时需要借助官方主动发声进行引导，也就是常说的舆论引导、

水军灌水等，触发一些不明真相的围观群众参与到话题讨论，以此积累第一批用户传播基数，让话题在用户热议中不断升级。

（2）借力媒体推波助澜

当话题舆论发展到一定程度，及时介入权威媒体的力量，让话题在自媒体KOL（关键意见领袖）和权威媒体的轮番攻势中，从个别区域性现象上升到社会普遍关注的热点话题，从而引发更多媒体和用户关注。

第四部　讲故事

【解读】

讲故事，顾名思义，就是以故事的形式对品牌或个人进行价值塑造的营销方式。它在古代餐饮界便得到了应用，四大名著之一的《水浒传》里描述了这样一个场景：景阳冈广泛流传“三碗不过岗”的故事，吸引了十里八乡百姓的围观，也激起了武松的好胜心，最终便有了“武松打虎”的美谈，流传至今。

中国主流菜系里的经典菜式背后几乎都蕴含着动人的故事，类似浙菜系中的东坡肉、淮扬菜系中的狮子头、滇菜系里的过桥米线，都有着广为人知的典故，也正是因为故事本身的趣味性、自带传播性等特征，才让这些美味至今令人刻骨铭心。

那么，怎样“编造”专属餐厅的故事？怎样赋予每道菜背后的故事？故事怎样讲能更打动人，能更好地传播？这些涉及创始人与餐厅的品牌基因，需要从多个维度分析创始人、品牌及每道菜背后故事的可塑性，以合理的逻辑、读者乐于接受并传播的方式，讲出一个适合自己餐厅的故事。

【案例】

“李家小馆”关于“孝”的故事

李家小馆，创始人李伟，16 岁从农村来到城市，从月薪 50 元的学徒工做起，经过自己的努力，月薪从600元、800元、1000元、3000元再到5000元，21岁便成为了厨师长。出身贫寒的李伟，跟大多数的打拼者一样，有个愿望：希望将父母接到城里尽孝。于是，李伟创立了全国首家以“孝”为文化主题的餐厅“李家小馆”，以中国传统“孝”文化为故事主题，引起了很多人的情感共鸣。

为了将“孝”的故事融入到餐厅文化中，李家小馆创新出一道招牌菜式“孝心大馒头”，重达3斤之巨，外加三样蘸品，纯手工制作，无任何添加剂、改良剂、增白剂等，统一售价28元1个，因此被誉为“天价馒头”。但凡来至店里消费的家庭客户，必点此菜，因为这“孝心馒头”不仅融入了李家小馆创始人背后的故事，也被他们定期举行的各种孝文化活动赋予了“孝道”的标签。例如，李家小馆会定期免费给年满60岁以上的老人送孝心大馒头；每逢寒暑假他们还会组织一些中小学生来餐厅，自己动手做馒头给父母，用行动影响他们从小树立“百善孝为先”的理念，并在活动结束后要求每人写一篇作文，进行孝心传递等。

自此，李家小馆将“孝道”做成了餐厅的核心文化，也在长期反复的践行中，触动了人们心底那根柔软的神经。因此，很多食客会特意将家庭聚餐设于此地，无论是对父母情感的表达，还是对儿女教育的引导，都是非常不错的“情景”教育。因此，从某种意义上讲，李家小馆已经超越了普通餐厅所能承载的意义，这也构筑了品牌的软性竞争力。

百店拜师学艺 求一碗正宗湖南牛肉粉

关于伏牛堂湖南牛肉粉，大部分人跳出的第一印象是“北大硕士米粉”，这是创业者自身“经历”赋予餐厅的品牌故事。这个故事让伏牛堂从开业第一天起便备受媒体关注，各种挖掘其背后故事、讲述创业艰辛、思考大学生就业的媒体报道铺天盖地，为它省掉了大笔媒体公关费。

为了印证伏牛堂所制湖南牛肉粉的“正宗”，创始人张天一将自己拜师学艺的经历以“讲故事”的方式公布于众。

2014年2月，张天一和表弟周全回到常德，开始走街串巷试吃米粉，据说当时一天吃十碗，吃得“菊花”冒火。最终，他们挑中了几家口味极好的店，包括常德最有名的“刘聋子”，想着拜师学艺，但都被拒之门外。失望之时，无意间发现了一家口味非常正宗的米粉店，在征得老板同意后，他们经历了拜师、学艺等一系列的过程，又进行了标准化提炼，买了一把小秤，在无数个夜晚里一小勺一小勺地称量每一种中草药、配料的分量，又通过常德餐饮协会邀请到当地最有名的几家米粉店的主厨品尝，最后才制作出几张独门配方。

这样一个非比寻常的求师经历，充分展示了湖南年轻人“霸蛮”的特性，也与伏牛堂的“霸蛮文化”相呼应，加上北大硕士生的背景，深深地吊足了北漂湖南人的胃口。

用名人、名菜为餐厅添故事

故事一：雕爷牛腩价值 500 万的咖喱牛腩秘方

2013 年餐饮界发生了一件很离奇的大事：一个餐厅尚未开业，便以 500 万元巨款从香港食神戴龙手里买断了咖喱牛腩的秘方，同时聘请了 4 位世界顶级酒店的厨师长进行菜品研发，这让它未开业就已经名声大噪，它就是雕爷牛腩，一个出身豪门的互联网餐饮品牌。

相信很多人第一次听说雕爷牛腩就是因为这一张价值500万元的天价牛腩秘方，很多人第一次选择雕爷牛腩也是出于对天价秘方的好奇，因为这500万元的天价加上“食神戴龙的背书”，已经吊足了顾客对雕爷牛腩的好奇心。

试想，周星驰电影《食神》背后的原型，1997年香港回归当晚国宴的行政总厨，澳门赌王何鸿燊花5000港币吃一碗“皇帝炒饭”等一系列与戴龙相关的故事，已经让雕爷牛腩餐厅充满了传奇的色彩。

同时，雕爷对外界一直强调“无一物无来历，无一物无典故”，通过“讲故事”的方式为餐厅每一样东西赋予了独特的文化内涵，增加品牌的文化价值。

例如，雕爷牛腩所用筷子的木材是缅甸“鸡翅木”，上面激光蚀刻“雕爷牛腩”LOGO，这些筷子是全新的，未曾被他人使用过，每次用餐完毕服务员会将其套上特制筷套，当做礼物送给顾客。雕爷牛腩还为这碗牛腩面，发明了一款专利“碗”——上方很厚重，很粗糙，端起来手感好，而与嘴接触的部分则很薄、很光滑。在左侧开了一个拇指斜槽，方便左手端起，右侧还有一个槽，为了方便卡住汤勺，端起来喝汤时，勺就不会乱动。从这只碗的大小、薄厚、功能来看，如果放别的食物，会非常别扭，但吃鲍鱼骨汤牛腩面，则得心应手，十分方便。换句话说，这碗面也只有放在这只碗里，才能呈现出最佳状态。

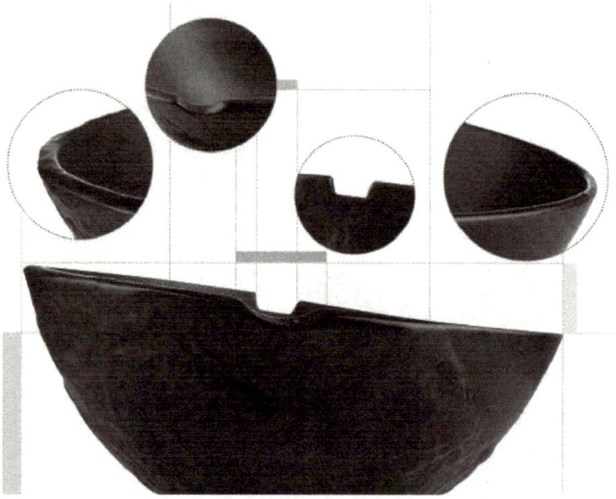

可以说，雕爷牛腩故事里的每一个点都是一个噱头，几大噱头加在一起形成了雕爷牛腩“张扬且华丽”的故事版本。而每一个噱头都是一个极佳的传播素材，在传播中让消费者对餐厅产生兴趣，催生消费欲望，并且整个故事也在向消费者传达着雕爷牛腩“轻奢”的品牌价值。

故事二：诸葛烤鱼背后的品牌故事

一般历史名菜都具有广泛的认知度，不需要过多的市场教育，消费者对菜品的品质和故事大都已非常清楚，若能以此打造独立餐饮品牌，那将节省大量的市场教育成本，瞬间拉高品牌的档次。如重庆餐饮品牌“诸葛烤鱼”便是直接借势历史名菜“诸葛烤鱼”而创建，历经 12 年发展，全国发展连锁店超 600 家，在新加坡、法国等国拥有门店，多次被央视、美食美客等媒体报道。

诸葛烤鱼的历史故事

诸葛烤鱼是一道汉族传统名菜，属于川菜系或湘菜系。相传在三国时期，隐居在琅琊县的诸葛亮最爱吃的一道菜就是烤鱼，这种烤鱼的用料和做法与普通的烤鱼多有不同，别具特色。诸葛亮常备家宴，邀请几位好友共品烤鱼美味。后来，诸葛亮离开隆中，辅佐刘备打天下，还专门将善制这道菜的名厨请到身边。刘备在成都称帝后，诸葛亮又将其推荐至宫中。这种烤鱼不但诸葛亮百吃不厌，刘备、关羽等人也都非常喜欢，由此成了皇家御宴上一道不可缺少的美食。诸葛亮去世后，民间有人将这种烤鱼改名为“诸葛烤鱼”，以此纪念诸葛亮辉煌的一生和高尚的品格。

故事三：三汁焖锅挖掘宫廷御膳名肴

若历史名菜不能作为品牌直接注册商标，也可将其引进餐厅，作为餐厅的招牌菜式，以提高餐厅的菜品竞争力。例如黄记煌三汁焖锅将清代御膳名肴“香辣汁鱼”进行改善，将自身打造成“三汁焖锅”的品类首创者，目前经营店面已达600多家，并已成功进军海外市场。目前已在澳大利亚、加拿大、美国、印度尼西亚、泰国、马来西亚等多个国家开设了十多家店面。

三汁焖锅的历史故事

相传，“三汁焖锅”源于清代御膳名肴“香辣汁鱼”。光绪末年，时任庆王府总管的黄杰臣得到祖父黄钰玖的亲传，“香辣汁鱼”又成为王府宴席上的一道佳肴。

黄杰臣后人黄振欧先生系我国著名营养学家，与其子黄耕先生依据“药食同源”的理论，潜心研究养生饮食。黄耕先生在祖传秘方基础上结合传统滋补理论与现代养生学说，创出了以宫廷菜肴精华为基础，适合现代人饮食特点的养生环保佳肴——“三汁焖锅”。

【总结】

关于餐厅故事，无论是注重噱头，还是营造某种情感；无论是借势历史名菜打造品牌，还是将其直接作为餐厅招牌菜，无一例外地在表达一种产品主义理念：为餐厅、产品、服务增添趣味性和文化色彩。

1．餐厅究竟从哪些方面讲故事

（1）品牌故事：从品牌起源里挖掘品牌故事，类似诸葛烤鱼、云南过桥米线等，这类故事通常能体现餐厅品牌深层次价值，是餐厅品牌文化的根本。

（2）创业经历：从创始人的创业经历来挖掘故事，类似李家小馆“以孝为先”

的创业初心，伏牛堂“曲折艰辛”的拜师学艺经历，这些赋予了他们故事的传播属性，让餐厅的知名度随创业者一起“扶摇直上”。

（3）企业文化：从餐厅企业文化切入，通过餐厅员工、活动、服务等各个环节来讲故事，类似海底捞的“变态服务”与“定期给家里人寄钱”等。

（4）招牌菜品：从餐厅的招牌菜式入手，通过故事塑造招牌菜的价值，类似“万绿湖水库大鱼头”，《舌尖上的中国 2》中张爷爷的“手工空心挂面”等，让珍稀的原材料、名厨为招牌菜讲故事。

（5）名人进店 / 开店：从餐厅的特殊顾客群入手，借助名人、政要、网红的影响力，来提升餐厅的附加值，类似“雕爷”的食神秘方、孟非的小面、奥巴马弟弟开的木屋烧烤店等。

2．怎样讲故事才更能打动人

（1）契合：任何事物都讲究适合，精彩的故事若不契合餐厅的主题也未见得是个好故事。雕爷牛腩定位为“轻奢”，所以每一个故事无不体现出“轻奢”的主题，但若餐厅定位为一个平价或者温情风格的餐厅，雕爷牛腩这类轻奢的故事就未必适合。

（2）接地气：不是所有餐厅都有雕爷那样的“轻奢”思维与大手笔，伏牛堂的创业故事、李家小馆打温情牌也不错。因此，故事不必是久远到让人模糊的传说，不必是惊天动地的神话，身边实实在在的情感故事也足以打动消费者。

（3）有噱头：一个好故事需具备一定的噱头，这个噱头往往是吸引消费者的诱饵，也是推动故事呈现爆炸性传播的关键点。

（4）抓重点：故事不宜长篇大论，一个短小精悍的故事往往更有利于记忆和传播。所以，讲故事时一定要抓住重点，李家小馆的重点在于孝心，雕爷牛腩的重点在“500 万秘方”，再在这个点上不断做衍生和强化，让品牌和故事深度关联。

第五部　傍大咖

【解读】

傍大咖，是餐厅常用的借势方法之一，即通过一道菜或者一件事情，将餐厅与某位“大咖”产生关系，类似某位名人、明星、政要、意见领袖等在某个领域里有一定知名度的人物在餐厅用餐等，并巧借“大咖”的个人影响力，提升餐厅的品牌美誉度和用户关注度。

诚然，每一位“大咖”都是一个超级IP，拥有一定的粉丝基础，在自有圈子里拥有话语权和号召力，餐饮品牌若能和他们“攀上关系”，那自然能吸引一部分“大咖”粉丝的关注，进而有可能转化为餐厅的客户，同时也能沿袭“大咖”们的人格魅力，为餐厅品牌加分。

傍大咖跟“傍大款”不一样，并不是以金钱多少为标准，而更应该关注大咖在行业的影响力。如何傍大咖？傍什么类型的大咖？怎样让大咖愿意被“傍”？这里有诸多学问，需要综合考虑餐厅经营类型、品牌定位、经济实力等多方面因素，最终选择适合自己的“大咖”来傍。

【案例】

习主席现身庆丰包子铺　“捧红”了“主席套餐”

2013年12月28日中午，有网友发微博“爆料”：习主席在北京庆丰包子铺月坛店排队买包子，并且自己付款端盘子，一时引发网络热议。

据该店工作人员称，中午 12 点左右，习主席和一行人乘面包车来到店中，排队点了二两猪肉大葱馅的包子，共 6 个，一碗炒肝，一份芥菜，一共消费了 21 元。

习主席排队吃包子的消息一出，迅速引发了百姓“赞”声不断。由此，由“二两猪肉大葱馅的包子、一碗炒肝、一份芥菜”构成的“主席套餐”也成了庆丰包子铺“爆款”产品。

据庆丰包子相关负责人介绍，自从主席光顾以后，包子铺一度要排队领号，等着取包子的人最多排到了 400 多号，猪肉大葱馅包子、炒肝和芥菜“套餐”一度脱销。市民们为了能在习主席就餐的桌子旁拍照、就餐，不惜排队半小时，甚至武汉有一男子特意一大早赶来北京，就为在习主席坐过的桌子旁吃一顿饭，当晚再坐高铁回家。

此外，北京庆丰包子铺的咨询电话被打“爆”了，每天会接到三四百个咨询加盟和申请加盟的电话，全国各地都有人在打听：想在自己家门口开一家庆丰包子铺，怎么加盟？

很显然，庆丰包子铺捡到了天大的便宜，意外中傍到了一个超重量级的“大咖”，这无论对产品销量、市场拓展，还是品牌美誉度、品牌知名度等方面，都起到了极大的提升作用。虽然，庆丰包子铺官方对外声明并未因此推出“主席套餐”，但单单有这次“偶遇”就已经足够让品牌价值上升到制高点。

同样，对于其他没有庆丰包子铺这样好运气的餐厅企业，却迅速抓住了“主席套餐”的热度，纷纷推出了“主席套餐”。例如，河南郑州市的一家餐饮机构，继“主席套餐”走红之后，在旗下几家餐厅同时推出了“习主席套餐”，醒目的广告牌着实夺人眼球，还特别提醒：“今天我们关注习主席的饮食，但是我们真正倡导的是他的节俭作风。”果然不出所料，“习主席套餐”一经推出，顾客反响热烈，引发了今日快报、新浪等媒体的纷纷报道。

3W 咖啡馆“总理同款咖啡”2 小时售罄

2015 年 5 月 7 日上午，李克强总理在北京中关村创业大街视察创新创业的情况，与“创客”们畅聊创新创业。

当日，在众多考察对象中，总理首先来到了位于海淀中关村创业大街的 3W 咖啡馆。当总理在一层创业空间和青年创业者交谈期间，3W 的“创客”们给总理端来一杯咖啡，说：“这就是我们喝的创业咖啡，请您品尝”。

据了解，在总理视察过后的当日中午，3W 咖啡馆多了许多慕名前来点“总理同款咖啡”的客人，但他们均被告知“咖啡已售罄”。一位工作人员介绍，总理

离开以后，很多人专门来点这一款咖啡，所以早就卖光了。

当天总理喝咖啡的场景被创客们抓拍，并迅速在微博、微信等自媒体平台传播，引起了广大媒体的关注和报道，3W 咖啡与“总统同款咖啡”一起被奉为创业界的佳话，品牌知名度和美誉度大幅提升。

如今，很多餐厅都逐渐意识到了“大咖”的吸引力，除了明星代言这类高成本的操作方式，也有部分餐厅选择深度挖掘餐厅内部员工中的“大咖”。比如北京某火锅店的服务生长得像范冰冰，成都贝卷店小哥酷似韩星吴世勋……通过这些山寨“大咖”的曝光，为餐厅吸引了不少客流，也以较低的成本成功打响了知名度。

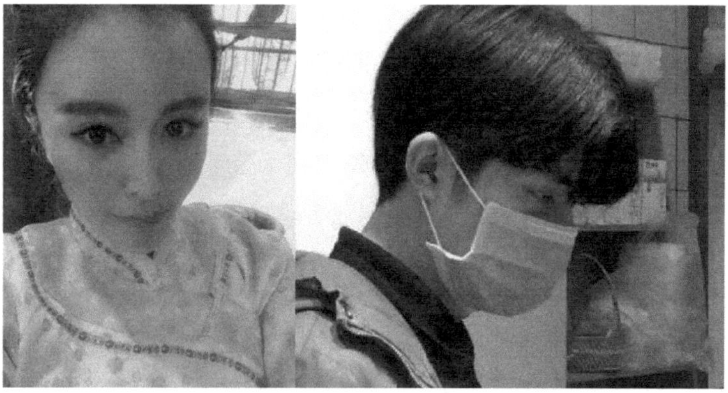

诚然，相比“傍”真大咖，以上这些傍“高仿”大咖的方式，可能更符合普通餐厅的炒作需求，毕竟不是每个餐厅都具备像 3W 咖啡那样的机遇或雕爷牛腩那样的资金实力，能与大咖们直接接触，甚至花费巨资请他们做形象代言。

当然，讨巧的“傍大咖”方法除“高仿”大咖外，还有很多明星主题餐厅也是比较讨巧的“傍大咖”方式之一，例如，“邓丽君音乐主题餐厅”。作为 80、90 年代风靡一时的一代歌后，邓丽君广为人知并拥有大量的粉丝，虽然已离开我们多年，却无时无刻不被粉丝们怀念。主题餐厅的开设，一方面是出于对一代歌手的缅怀，能引起粉丝们的好感，另一方面也是很典型的“傍大咖”手段，借助名人的影响力为自己品牌加分。

【总结】

通过以上案例，我们发现，身边的“大咖”其实真的不缺，缺的就是餐企那一颗善于发现“大咖”的眼睛。那么，“傍大伽”究竟有什么技巧？笔者总结出以下两点。

1．大咖选择：视餐厅类型而定

大咖类型很多，选择适合自己餐厅类型的大咖很重要，如果餐厅属于快时尚类型，大咖可以从娱乐、明星、网红等方向切入，如果餐厅是类似3W咖啡这类融咖啡、餐饮、创业孵化等为一体的创新型餐厅，不妨从政要、创业明星、商界大咖等方向着手。

当然，大咖的选择更要根据餐企财力情况和预算而定，若是麦当劳、肯德基这类大型品牌餐企，大可大手笔请名人大咖代言；若是一些小微规模的单店餐企，介于各方面实力有限，那就应当多在技巧上下工夫，以最低成本“傍大伽”。

2．傍大咖：3大常见方式

诚然，并不是所有餐厅都能像庆丰包子铺、3W咖啡那样幸运得到领导人的光顾，大部分餐厅都在大咖人脉、资金上存在不足，那么这类餐厅如何借势？不妨从以下3个方面入手。

（1）名人点赞菜品。某某明星、名人吃过且点赞的菜品，这类菜品通常是一个品类，或许其他餐厅也有做，但如果将其作为亮点刻意宣传，就能达到意想不到的效果。例如展示名人用菜的图片、海报宣传、视频播放、各类广告物料的强势宣传等，让消费者了解到餐厅与名人的关系。

（2）给名人送礼品。当某某明星举办婚礼、某某歌星举办演唱会时，借势一厢情愿为其打造“定制出品”，并借助门店、媒体力量大肆宣传，一番好意不仅让明星无法拒绝，有可能取得大咖的回应甚至“大驾光临”，另一方面也让外界认为餐厅与大咖有着摸不透的关系，让人产生一种“不明觉厉”的品牌印象。

（3）定制名人菜品。紧跟时事新闻，经常关注各国政要宴请贵宾的菜单、重大国事活动的国宴菜单、某明星结婚宴请菜单等，将其中的某道菜作为餐厅的招牌菜或者新品推出，并冠以“某某明星宴请主菜”“某某国宴菜品”等。

第六部　曝内幕

【解读】

曝内幕，就是企业选择性地将自身的创业经历、发展战略、经营策略、融资风波、人事变动等部分内部机密信息曝光，希望引发媒体报道和用户舆论互动，从而提高品牌关注度和曝光度。

伴随餐饮创业热潮和资本大量涌入，广大媒体普遍对创业企业的动态非常敏感，尤其是对融资风波异常关注，因此很多餐饮创业者捕捉到这个媒体曝光的机会，选择性地将一些内幕主动向媒体曝光，以赢得媒体关注和免费曝光的机会。

那么，以什么样的方式曝内幕？曝什么类型内幕？怎样引起媒体的关注和用户的热议？这里需要根据餐企发展的实际情况来定，并不是所有的餐企都具备曝内幕的条件，因为媒体只会关注具有新闻价值的内幕。因此，餐厅曝内幕的根本方式是挖掘具有新闻价值的“内幕”。

【案例】

原雕爷牛腩 COO 穆剑空降人人湘　曝不为人知内幕

2016 年 5 月 25 日，人人湘创始人刘正在朋友圈爆出了一个重磅内幕：未来三年第一弹！与之相配的图片是刘正与穆剑在人人湘公司 LOGO 墙前的合影。

大部分行业人士都知道，穆剑曾在肯德基、小肥羊等餐企担任高管多年，2013 年 6 月受邀出任互联网餐饮网红品牌“雕爷牛腩”COO。而人人湘是一个主营米粉的互联网餐企，曾以“四无未来餐厅”在餐饮界引起广泛关注，并一度成为很多餐饮小白的模仿对象。此时，人人湘创始人刘正一条扑朔迷离的朋友圈消息，瞬间触动了行业媒体的敏感神经。

紧接着，在各路媒体顺理成章的采访中，穆剑和刘正相继爆出更多不为人知的内幕。刘正向相关媒体透露，自 2013 年年底，他和几个朋友共同创立人人湘，2 年多时间，凭借 2 家门店，完成 A 轮融资，公司估值上亿元。未来，由穆剑作为人人湘 CEO 带领人人湘团队发展餐饮连锁业务，刘正作为香橙互动 CEO（兼人人湘董事长）将带领香橙团队在智能快餐厅整体解决方案上重点发力，旨在让更多传统餐饮人使用香橙智能快餐厅整体解决方案，最终让天下餐厅生意不再难做。这则消息，最终坐实了穆剑加盟人人湘的外界猜想。

穆剑也向行业媒体首次曝出自己出走雕爷牛腩的内幕。他之所以选择离开雕爷牛腩，主要是与创始人孟醒在理念上存在诸多分歧，例如“把情怀当产品”“营销脱离产品”“雕爷本人很任性”“老板与高管思维不在一个频次上”等，最终归结为一个互联网人与传统餐饮经营者之间分歧。

同时，对于为什么要加入“人人湘”，穆剑还对外发布了题为“我为什么选择人人湘？”的公开信，以下为穆剑亲笔撰写的公开信《我为什么选择人人湘？》：

转眼间，来到人人湘已经两个月了。一直有人问我：为什么选择人人湘？我想用两个词来概括：机缘巧合，水到渠成。

了解人人湘是挺早的事情了，当时我还在上一家公司。当从朋友口中第一次听说人人湘和刘正时，我就产生了很大的兴趣，特别是听说人人湘单凭在北京的两家店面就做到蜚声全国餐饮圈，并拿到A轮几千万融资时，作为在传统餐饮行业中摸爬滚打十几年的我，不得不想一探究竟。

在之后很长的一段时间里，我关注了很多关于人人湘的消息，也了解到很多创始人刘正的故事，逐渐为他的睿智、儒雅、坦诚所吸引。特别是在《时尚先生》年度人物里看到刘正在公司遇到困难准备关闭时，从夫人处拿了40万元发工资，让公司度过最艰难的时候的报道时，我心中暗竖大拇指：这样的老板值得员工追随！

去年11月，在长沙的一次互联网大会上，终于见到了刘正。听完刘正分享后，我更深层次地了解了他的“套路”。也许是互相之间的惺惺相惜吧，那次会议所有的分享中，我觉得刘正讲的内容是最接地气的，也是真正将“互联网+餐饮”这件事看透的。会后我们结识并第一次做了深入的交流，我很欣赏他的先锋视角、观点、探索。在刘正的朋友圈，我会经常看到精彩的分享和独到的见解，很多时候也会就某些观点互相探讨，和他一起烧脑、互动。

认识刘正不久，他曾邀请我去他公司给员工分享。我记得很清楚，平安夜，所有员工下班后都留下来了，满满的一屋子。其实当刘正约我平安夜分享时，我是有点担心的，我知道人人湘的团队是很年轻的，而年轻人在这些日子一般都会有各种活动安排，我担心他们对这样的分享安排有抵触。

但是当我走进人人湘办公区，站到台前时，我的顾虑打消了：所有人脸上都写满了求知的欲望。在没有任何扩音装置情况下，我完成了将近两小时的分享，所有年轻人都非常安静地听完了。我又一次对人人湘产生了敬佩的情绪，这更多的是对团队的佩服。有这样年轻有活力又充满创业激情的团队，人人湘享有如此声名是理所当然的。

分享后没过几天，我参加了人人湘红汤鱼粉新品品鉴会，这是我第一次吃人人湘的产品，而这一吃，让我对人人湘的敬佩之情更加深了一层。在我的印象中，互联网餐饮的餐品，只是一个载体，有些甚至是炒作的噱头，能做到不难吃就已经非常不错了，但是人人湘的产品却让我吃出了情怀！我对湖湘文化情有独钟，在湖北上大学，我爱人又在长沙工作四年，这期间数不清多少次去湖南了，对湖南的美食我享有绝对发言权。

品鉴会当天提供的两款米粉勾起了我对米粉的记忆，我后来多次带着我爱人“偷偷”到人人湘吃粉，吃过了所有产品，越吃越深为所动。在了解了人人湘创始团队十下湖南，追寻最地道的湖南味道，把湖南民间的传统手工艺人高薪聘请到北京，极致还原湖南味道时，我觉得人人湘一定能成事。产品是餐饮企业的灵魂，一家互联网公司能将餐饮产品做到如此极致，完全超出我的预期。

虽然和人人湘和刘正关系越走越近，但是之前并没有想过来人人湘。一方面当时在前公司干得也不错，另外刘正并没有透露过想找其他人来管理人人湘。

年初由于种种原因从上家公司离职后，我选择南下，在深圳管理一家传统餐饮企业。我也一直在关注人人湘，4 月初人人湘霄云路店“未来餐厅”全球首发，各路媒体铺天盖地的报道，人人湘的品牌势能达到了一个新高度。我是非常认同这一套智能餐厅理念的，因为我在传统餐饮十几年的经历，深知传统餐饮的痛点，而刘正提出的四无未来餐厅理念正好非常有效地解决了这些痛点，而且在人人湘中已经验证了两年多，是切实可行的。

刘正起初并不知道我已经离开上家公司到了深圳，当他在朋友圈看到我去了深圳后，第一时间打电话给我，向我抛出了橄榄枝。刘正向我介绍：人人湘与其系统供应商香橙互动两家公司准备分立运营，他需要找一个精通餐饮管理的人来做人人湘的 CEO，全面接管人人湘。

我几乎没有考虑就答应了，而当我跟我爱人沟通此事时，我爱人也是没有任何异议，完全支持。我果断地向公司提出离职，并在几天内办理完交接，拿到离职证明的当晚我就飞回北京，第二天就来到了人人湘。

如果说决定来人人湘是机缘巧合并顺理成章的话，在人人湘待下去，带领人人湘走得更远就是任重道远了。经过这两个月与团队的正式磨合，我发现人人湘团队底子还是很不错的。

虽然对于传统餐饮管理经验不是非常足，但是传统餐饮该踩的坑都已几乎踩过一遍了，只要略加引导，就能迅速成熟。而我更看重的一点，就是人人湘的模式，它是引领潮流的，这在未来很长一段时间可能都是其他餐饮人和互联网人追随和效仿的。

对于未来，我想得很清楚，人人湘目前已经拥有一笔巨大的无形资产，无论是品牌势能还是智能餐厅这一模式，都是现在潮流前沿的，我需要做的就是在这个扎实的基础上，发挥我在餐饮管理层面的优势，将这些优势无限放大。

在未来，人人湘值得所有人关注，我坚信，我不会让大家失望！

就这样，人人湘创始人刘正通过一条微信朋友圈曝出内幕消息，先勾起业内媒体的兴趣进行专访，并在专访中一步一步将公司内幕对外公开，最终引发大量媒体的竞相报道与转载。一方面，充分占据舆论传播的主导权，避免了因创始人退居幕后、公司战略转型而导致外界的各种猜想，从而给品牌造成不良影响；另一方面，也充分借力“雕爷牛腩”与高管穆剑的IP，增加人人湘品牌的曝光度，为品牌积蓄势能。

曝融资内幕　黄太吉百试不爽的公关法宝

2016年4月10日，黄太吉外卖官方微信公众号发布微信图文“黄太吉获饿了么战略投资，共建高品质外卖生态”，再一次曝光企业内部投资动态。

●●●●● 中国电信　17:05　44%
返回　黄太吉外卖

黄太吉获饿了么战略投资 共建高品质外卖生态

2016-04-10 黄太吉外卖

饿了么 黄太吉

“饿了么将和黄太吉一起，拼出整个生态更美好的未来。”

近日，黄太吉与饿了么正式达成战略合作，黄太吉获得饿了么战略投资，双方将在食品安全、餐饮供应链等方面深入合作，共同打造安全、高品质的外卖生态。投中资本担任本次交易的独家财务顾问。

在接下来的 3 天里，关于“黄太吉获饿了么战略投资”的新闻及各类分析性文章被关注投资界、餐饮界的各大媒体争先报道，整体舆论都认为这是对黄太吉“高品质外卖”战略的利好消息，且相关文章搜索数量达 800 多篇次。

Baidu新闻 黄太吉获饿了么战略投资

找到相关新闻约862篇　　◉新闻全文　○新闻标题　|　按焦点排序

黄太吉获饿了么融资背后的三个逻辑
网易科技 2016年04月11日 08:00
1、本次投资为战略投资,是饿了么对餐饮市场的一次重要布局,具备长远意义绝非短线布局。
2、饿了么将独家发售黄太吉及旗下所有品牌的产品,由此,黄太吉在外卖平台中...
28条相同新闻 - 百度快照

黄太吉获饿了么战略投资 将联手打造外卖生态
网易科技 2016年04月11日 07:25
2016年4月10日,创始人赫畅向猎云网确认,与饿了么正式达成战略合作,黄太吉获得饿了么战略投资,双方将在食品安全、餐饮供应链等方面深入合作,共同打造安全、高品质的... 百度快照

黄太吉获饿了么战略投资 将专注餐饮IP研发

腾讯科技 2016年04月10日 18:00
黄太吉获饿了么战略投资 将专注餐饮IP研发 饿了么将独家发售黄太吉旗下及其代理的所有品牌的产品。 14条相同新闻 - 百度快照

饿了么为何投资黄太吉?从餐厅到孵化外卖产品新IP的进化
搜狐 2016年04月17日 14:58
36氪微信号:wow36kr哪些还将会成为未来的基础设施平台?2016年4月10日下午,36氪从黄太吉方面获悉,他们与饿了么达成了战略合作,并且获得了饿了么的战 3条相同新闻 - 百度快照

【科技早报】贾跃亭称苹果等公司“博傻” 黄太吉获饿了么战略投资

界面新闻 2016年04月11日 08:00
贾跃亭发公开信称苹果等公司在用"博傻"式消费诱导不够理性的用户支付天量溢价,而乐视要引领硬件进入免费时代;黄太吉宣布获得饿了么的战略投资。 百度快照

而在此之前，黄太吉经历 3 次融资，每次融资几乎都成为媒体抢先报道的新闻素材。在黄太吉 B 轮融资实情被曝出来之前，外界依旧充斥着各种质疑和融资失败的传闻，最终在黄太吉赫畅的辟谣中，传闻不攻自破。

黄太吉赫畅:B轮全部到账 说濒临倒闭纯属谣言
网易科技 2016年02月03日 10:15
网易科技讯 2月3日消息,今早有媒体发文称有投资人爆料"互联网煎饼"黄太吉由于B轮融资没有到位,已濒临倒闭。消息传出不久,黄太吉创始人赫畅即在朋友圈指责该...
7条相同新闻 - 百度快照

不管融资成功与否，总伴随着各种新闻话题，“相传”融资成功了有传闻，“相传”融资失败了也有传闻，外界谣言四起让品牌备受质疑，创始人赫畅站出来辟谣又是一则重磅新闻。如此一番折腾下来，关于黄太吉的融资总有报不完的新闻，而黄太吉则在持续曝“内幕”中，品牌曝光量和关注度得到不断提升。

融资，对于所有创业人员都是一种诱惑，所以关于融资的消息，总会吸引很多的媒体和创业者关注。因此，“曝融资内幕”成为餐饮界提高行业认知度和曝光率百试不爽的法宝。Kao铺、西少爷、遇见小面、好色派沙拉等餐饮品牌，都在“曝融资内幕”上尝到过甜头。

伏牛堂创始人张天一自述曝创业内幕

当品牌和高管都不具备一定知名度，或者餐企刚成立缺乏关注的时候，一些关于融资或者创始人动态的内幕，往往不能短时间内吸引媒体聚焦。此时，选择将餐企创始人的离奇“创业经历”公开是不错的选择。

通过挖掘创始人与创业故事背后具备传播价值的元素，进行故事性塑造，以情动人，先在自媒体发布以引发用户传播，并形成一定的热度，最终再吸引媒体关注报道。伏牛堂创始人张天一毕业后选择卖米粉，在没有任何知名度的基础上，开始从一篇创业自述走上了“网红”之路。以下是《北大硕士张天一的自述：我为什么卖米粉》一文的摘录：

2014年我即将结束在北大的硕士学习生涯，也面临着毕业的选择，我选择了开一家米粉店。

在餐饮业和互联网之间找一个平衡点，我认为关键在于卖什么产品：有没有一种容易标准化操作，能够代表相当一部分人的口味，蕴含了我们的文化传统与内涵的食物？

最后，我想到了常德牛肉米粉。米粉是南方人的一种主食，从某种程度上可以和北方的面条对应。而我的家乡常德，正是把米粉当作每天早餐主食。常德的大街小巷都充满了这样的米粉店：十几张桌椅，五六个小炖锅，锅中，汤水翻滚，牛肉飘香。煮粉的水、牛头汤头始终保持着小小的沸腾，香料的多层次味道、牛油的醇味、汤头的鲜味、辣椒的香味、牛肉的肉味，俱在慢火熬制中盘旋蒸腾，纠缠不休。若有客人进店，一碗千呼万唤的米粉在滚水中沸腾一二，浇上汤头、牛头油码，撒上几撮香葱，滴上数滴香油，抹上一二胡椒粉，红、白、绿三色交融，实在是人生一大享受。

更重要的是，常德米粉的准备工作主要在前期，牛肉、牛骨汤需要提前约十小时熬制好。而等到真正操作的时候，从煮粉到出餐，全部过程不超过 30 秒。长时间的熬制，复杂的配料，是中餐的灵魂与哲学，但极快的出餐速度，又使得这种食物在某种程度上具备了标准化操作的可能性。如果说有人可以把煎饼果子、肉夹馍经营成中国的汉堡、热狗，那我想米粉这种有着巨大的地域代表性的食物最终被经营成中国的意大利面，也可以展望。

我最终下了决定。从 2014 年 2 月开始筹备，回到常德，走街串巷地吃遍了常德的每一家米粉店。

最后，我们选了一家口味最正宗的米粉店，经历了拜师、学艺一系列的过程，又进行了标准化提炼，买了一把小秤在无数个夜晚里一小勺一小勺地称量每一种中草药、配料的分量，又通过常德餐饮协会邀请到当地最有名的几家米粉店的主厨品尝，最后才制作出这几张配方。

2014 年 4 月，他在伏牛堂微信公众号上发布了这篇文章，主动对外曝光自己毕业后面临的艰难抉择和矛盾，最终经过深思熟虑后卖起了米粉的“内幕”。高学历的身份和低门槛的餐饮行业形成强烈的反差，瞬间激起了各大媒体对事件的关注，这一方面让伏牛堂在开业之际，享受了各大媒体对品牌的免费宣传，另一方面也让网友对创始人经历、性格及产品的调性有了初步的了解，为后期的进一步宣传奠定了基础。

总之，曝光餐企老板的创业经历和管理心得，以及他们针对餐饮行业趋势所发表的真知灼见，是“曝内幕”常见的几种形式，也是餐企进行炒作的重要素材之一。很显然，这类文章通常都以干货和故事的形式呈现，一方面，它具有一定的“机密性”，能满足读者的猎奇需求；另一方面，确实对其他餐饮创业者及从业者有很好的指导作用，媒体也因此非常乐于去传播，所以几乎百试不爽。

【总结】

通过以上案例，我们发现“曝内幕”并不是大部分人认为的“曝丑闻”，而是通过有新闻价值的内幕吸引媒体、行业、大众的关注，引起广泛传播的品牌公关行为。关于“曝内幕”，这里有 3 大关键点。

1．“曝内幕”常用的 3 种形式

“曝内幕”的方式有很多，融资风波、创业历程、管理心得等是常见的几种方式。此外，关于企业内部“知名高管”的人事变动、运营战略调整等也是餐饮企业“曝内幕”的重要素材。

2．“曝内幕”的本质是品牌公关

“曝内幕”的本质就是餐企自我营销、塑造自身价值的品牌公关行为。就像是一个明星的花边新闻，你若不是“大咖”，谁会在意你是不是在街边吐了一个烟圈，谁又会好奇你是否又新开了一间工作室。餐饮界也一样，不断曝出的内部消息会让用户在潜意识里觉得餐厅已经成长为餐饮界的一个重要品牌，否则怎么会引发媒体对餐厅的持续关注。

3．“曝内幕”应当注意的 3 个点

（1）挖掘内幕的新闻价值。要注重挖掘内幕的新闻价值，激发媒体对行业热点、

新奇事件的关注度，选择一些有新闻价值的内幕，在合理的时间选择性地向媒体进行曝光。

（2）塑造内幕的神秘价值。内幕之所以为“内幕”，主要是在曝光之前它不为人所知，具有神秘性。任何失去神秘价值的内幕在吸引力上会大打折扣，因此，不宜一股脑地将所有内幕一并曝出，而应当有节奏、分阶段进行爆料。

（3）远离“虚假内幕”。“曝内幕”是塑造企业自身价值的过程，因此企业在爆料时一定要远离“虚假内幕”，因为一旦被揭穿，那将变成餐饮企业的一场丑闻，对品牌造成巨大的伤害！

第七部　发布会

【解读】

发布会，是企业新品发布会或重大事件的“新闻发布会”的简称，通常会邀请一定数量的行业媒体记者到现场见证活动，并借助媒体对发布内容进行新闻报道，以此提高发布内容的关注度和影响力，并加强餐企与用户、合作伙伴、媒体之间的关系，提高合作伙伴的市场信心，在某种程度上还能直接促进产品销售，增加品牌的曝光度。

发布会是一个需要精心策划、各部门紧密配合的品牌公关活动，涉及主题创意、执行安排、会议资料准备、场地布置、嘉宾媒体邀请、宣传推广等各个环节，系统性非常强，复杂程度很高，需要一个有经验的操盘手统筹，并在充足的人员配合下才能顺利完成。

怎样策划一场有影响力的发布会？怎样让媒体乐于参与并积极报道？怎样让合作伙伴对品牌更有信心？需从整个餐饮行业、企业自身特质、竞争对手状况等多维度分析，结合发布内容和用户需求，才能策划出一场出色的发布会。

【案例】

撒椒品牌发布会　以江湖菜再战餐饮江湖

2016年9月25日，江湖菜代表品牌“撒椒”携绝技“六大味型”菜品，邀“食神”蔡澜及深圳市餐饮服务协会相关领导驾临，于深圳怡景中心城打起“江湖菜”大旗。在这次被媒体评为“江湖见面会”的发布会上，撒椒创始人携高管团队分别对外发表了讲话，首次公开了创建撒椒品牌的初衷、品牌的差异化定位及最新研制的“六大味型”菜品。同时，为打破消费者对江湖菜环境卫生不过关的传统印象，撒椒正式对外承诺将实施“食材只用一次”和采用“可视化透明厨房”两项关键措施。

此次品牌发布会，可谓是一场经过精心策划的成功的发布会，从发布会的时间选择、邀请嘉宾到内容安排及现场互动等多个环节，很多地方值得餐饮同行学习。

1．在发布会时间选择上有三大妙处。

妙处一：选择在周末新店开业之际。各大媒体对撒椒品牌的报道宣传，也是对新店开业的造势，发布会当天邀请了众多媒体、嘉宾到餐厅用餐，加上周末人流多，最终造成了新店开业便排位的盛况。

妙处二：选择在“六大味型”新品提出之际。新品借助此次品牌发布会，节省了二次宣传的成本。

妙处三：选择在品牌发展期。截至发布会当天，撒椒已在上海、广州、深圳、厦门共开业 8 家餐厅，很显然已经度过了品牌初期的磨合阶段，具备全面推向市场的条件。

2．在嘉宾邀请上既有大咖站台，又有媒体造势

发布会当天，撒椒邀请到了两位大咖人物，一位是美食界的“食神”蔡澜先生，一位是深圳餐饮行业协会的代表邹洪女士。

蔡澜先生在发布会上娓娓介绍江湖菜的前世今生，言语间表达了自身对撒椒江湖菜的认可和对撒椒创始人的赞赏。他表示，过去江湖菜因为其麻辣鲜香、豪放泼辣的独特口味而被很多食客所知晓和喜爱，却又一度因食品安全状况评价不佳渐渐没落。深圳市甘棠明善餐饮有限公司能拾起江湖菜这道美食的精髓，打造撒椒品牌，他表示十分高兴和欣慰，并现场为“撒椒”挥墨题词。

深圳市饮食服务行业协会会长邹洪女士提到，年轻人成为最主要的餐饮消费群体，撒椒的定位也是如此，无论从品牌设计、就餐环境还是一些营销活动，撒椒都牢牢抓住了年轻人的眼球。发布会上撒椒精心设置的魔术、直播等更年轻化、更流行的互动环节，也很好地体现了这一点。

除两位行业权威人士为撒椒站台外，还有北京晨报、新浪、网易、餐饮界等一大波媒体现场见证了撒椒的发布会，并在当天进行了现场采访和新闻报道。

3．创始人及核心团队各司其职发表演讲

品牌发布会不是创始人一个人的“独角戏”，应当是核心团队的“协奏曲”。撒椒这次发布会除两位联合创始人发表演讲外，负责公司运营和出品的高管也分别就运营和出品做了分享，甚至公司的楼面服务人员也身着撒椒统一的制服充分参与到发布会中。

撒椒创始人在发布会上首次阐述创建品牌的初衷，是因为“真的好吃”。他提到，水煮鱼、酸菜鱼、辣子鸡这些十分贴近百姓生活的菜式过去都风靡过，但是要找

一家专门烹饪这些菜式还要好吃且卫生的餐厅却很难，所以才起意打起江湖菜的大旗。

同时，为了选择更能代表江湖菜的菜品，撒椒团队走访了200多家江湖菜老店，圈定了317道江湖菜菜品，从中精选出10余道经典菜品进行改良创新，以安全卫生的食材为本，用最正宗的原料、更精确的操作技术来提升风味，推出“麻辣、尖椒、酸菜、水煮、青椒、泡椒”6大味型的菜品。如此，借助此次发布会，一个颇具匠心、追求极致菜品的立体品牌形象便呈现在用户面前。

4．现场模特端菜品走秀、魔术表演兼顾观众兴趣

作为首家将江湖菜带入购物中心的品牌，撒椒此次发布会选择在购物中心举行，也充分吻合品牌面向年轻消费人群的定位。

由于发布会场地的公开性，现场除受邀的嘉宾、媒体外，还聚集了大批在此购物的年轻消费者。因此，在发布会内容上，撒椒摒弃了传统严肃的发布会形式，在菜品展示环节引进了模特走秀、魔术表演等有趣节目，这也充分吊起了在此购物人群的胃口，造成现场被围观的局面。

乐凯撒打造米其林盛宴式新品发布会

5月26—27日，比萨连锁品牌乐凯撒在深圳前海JW万豪酒店举行2017“乐见·榴梿比萨”新品发布会，以米其林盛宴的形式隆重发布了10大新品，亮相“乐见”的品牌态度。发布会吸引了世界比萨大师、大型购物中心代表、餐饮行业大咖、主流媒体及忠实粉丝的热情参与。现场，乐凯撒还携手壹基金启动了“海洋天堂”公益资助计划，以帮助患有自闭症及更多有特殊需要的儿童。

此次乐凯撒米其林盛宴式的新品发布会现场，炫丽的聚光灯、精美的 PPT、LED 大屏、T 台秀、红地毯等，形式新颖、“格调”十足，毫不逊色苹果、小米等科技公司的发布会。无论从形式内容上，还是策划宣传上，都非常缜密、系统，刷新了中国本土餐饮品牌发布会的新高度。

回顾乐凯撒“乐见·榴梿比萨”新品发布会，现场 5 大亮点值得学习。

1．以比萨之名 招募 50 名资深“乐粉”

发布会定位为“新品发布会”，消费者应当是这场发布会的核心观众，所以在发布会召开前 1 个星期，乐凯撒便通过官方微信渠道公开招募 50 名资深“乐粉”，在发布会当天可免费用米其林的方式享受乐凯撒新品。

同时，为了增加“征集”的趣味性，乐凯撒还特意开发了一款“给我期盼值”的趣味 H5 页面，引发用户疯狂进行朋友圈分享，并规定只要召集 10 位好友给你期盼值，就有机会获得发布会名额，或者价值 48 元的榴莲比萨优惠券。

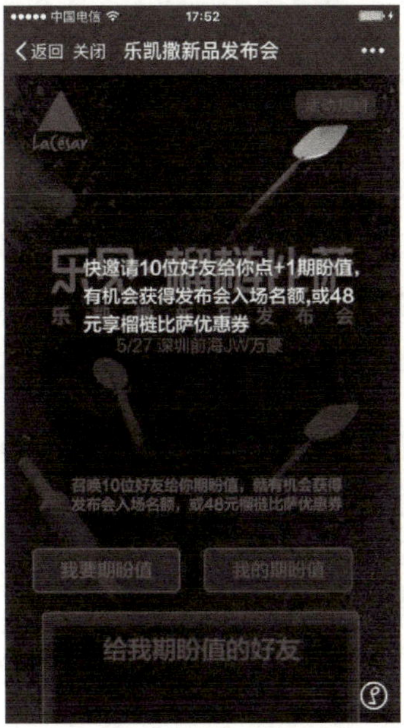

2．用米其林餐厅盛宴形式发布 10 大新品

发布会上，乐凯撒发布了 10 大新品，涵盖比萨、夏日特饮、特色意面和创意小吃 4 大系列。“榴梿比萨玩跨界，第一款搭配的竟是海底椰；小清新三文鱼牛油果比萨，时尚又健康；重口味麻辣牛肉比萨，每一口都是对味蕾的挑逗诱惑。”在饮品和小吃方面，颜值高又健康的蔓越莓霜、奇亚籽椰子水及好吃好玩的墨墨鸡鸡块，都是这个夏日的最佳搭配。此外，专为概念店打造的意面系列也在发布会亮相，鳗鱼米粒型意面、榴梿奶酪意面、经典肉酱意面和牛油果罗勒意面等，让乐凯撒单一的“比萨”品类，变得更加丰富。

现场精致花艺搭配长条桌，在酷炫灯光渲染下，在创新美味的演绎下，营造出一种震撼的米其林就餐氛围，惊艳全场！伴随着新品的发布，每一道美味都带给现场嘉宾从感官到味蕾的极致体验。

3．世界比萨冠军花式抛饼表演

在 2017 年第 26 届意大利比萨世锦赛上，乐凯撒比萨大师黄土生一举夺得花式抛饼冠军，这是中国餐饮人在比萨领域的国际大赛上获得的最高荣誉，也是万千观众期待的现场表演。此次发布会，黄土生现身并进行了精彩绝伦的花式抛饼表演，嗨翻全场。

4．行业大咖站台，畅聊餐饮，展望未来

乐凯撒创始人陈宁还邀请资本界、大型购物中心代表、餐饮行业大咖、主流媒体代表等畅聊餐饮业，展望餐饮未来发展。而这些极具影响力的行业大咖的出现，间接提升了乐凯撒的行业影响力。

5．携手壹基金启动“海洋天堂”公益计划

乐凯撒现场向壹基金捐赠 30 万元，希望通过公益活动，将“乐见”这一品牌态度传递给更多人。乐凯撒表示将全力支持壹基金“海洋天堂”计划，并郑重承诺从 5 月 26 日开始，顾客每消费一单，乐凯撒将会向壹基金捐赠 0.1 元，共同关爱和帮助患有自闭症及更多有特殊需要的儿童。

【总结】

通过以上案例，我们发现“发布会”这一活跃在科技、时尚领域的公关形式，近两年在相对传统的餐饮界逐渐盛行，那些具有品牌意识、跨界思维的餐饮人非常重视这一官方层面的公关方式，这在某种程度上也是为了迎合消费升级大环境下，年轻的主流消费人群的习惯。那么，做好一场“发布会”，究竟有哪些关键点需要注意的呢？

1．发布会的 3 种形式

根据内容划分，发布会一般可分为新闻发布会、新闻通气会（也叫媒体见面会）及产品（上市 / 品牌）发布会。

（1）新闻发布会

新闻发布会主要是针对一件已经发生或正在进行中的重大事件进行权威信息发布的会议。它属于一个比较正式的发布方式，所以在很大程度上要保证新闻内

容的充分性和准确性，避免媒体和大众对发布会信息的错误理解。新闻发布会一般都是以新闻发言人书面表达或者听众、记者提问的形式进行。通常，餐企融资、上市，或者企业遭遇危机事件，需要召集媒体、行业人士召开的发布会，属于“新闻发布会”。

（2）新闻通气会

通气会很多时候被称作“媒体见面会”，主要是对已经发生或者即将发生的、备受大家关注的事件，向外界公布其发展状态的会议。与新闻发布会相比，通气会显得较为灵活多样。

（3）产品“上市 / 品牌”发布会

产品发布会与新闻发布会及通气会存在着很大的不同，它同时具备新闻发布会和新品上市发布会两种特性。产品发布会信息来源主要是企业，而新闻发布会与通气会则相对多出现于政府、行业机构。

产品发布会主导者是企业，所以发布会的整个内容流程设计显得更加灵活多样，可以适当通过增加表演、互动等娱乐内容来提高发布会的人气推广效应，上文阐述的两个案例皆属于这个类型。

2．发布会 3 大关键要素

要成功办一场发布会，需要从 I（Idea）想法创意、E（Event Execution）活动执行、C（Communication）传播 3 个关键要素出发。

1）创意：发布会的灵魂

一场好的发布会绝不仅是表面“高端、大气、上档次”，它一定是“核心主题”突出，能够给人留下深刻印象的。否则，即使再喧闹、再奢华，也不过是过往云烟，很难让人记住。

同时，无论什么类型的发布会，首先要明确目标和主题，基于主题再将核心创意进行提炼。且在创意挖掘过程中，不能过于贪多，只要有一个最大的亮点就足够了，因为大部分参会的人员，以及后续参与报道的媒体，通常只会对某一个亮点感兴趣。

例如，撒椒的“江湖见面会”突出“江湖”的主题，并邀请到了江湖气息十足，且具有江湖大哥地位的蔡澜“坐镇”；乐凯撒“乐见·榴梿比萨”，以“乐见”的态度呈现10大创新新品，并向壹基金捐赠30万元，充分诠释了“乐见”的态度。

2）执行：发布会的身体

当发布会有了主题和目标，接下来就是在餐企的预算范围内执行，发布会的执行需要记住3W：Where、Who、When。

（1）Where 选址。选址要考虑容量、设施、档次、花费、交通、配套(如餐饮住宿)、备案等，尽量将预定时间提前。因为越是规模大的发布会，越是热门的场地，越容易与其他热门事件“撞车”。同时，为稳妥起见，有必要同时考察多个地点作为备选。

（2）Who 人员。通常一场发布会，需由以下两类人员配合完成。

① 受邀人员。主要包括主办方领导、特邀嘉宾、明星嘉宾，媒体及其他意见领袖（微博大V、微信大V）、粉丝代表等。

② 工作人员：公司内部工作人员，外部公关公司、活动公司相关工作人员，包括演员、主持人、礼仪、外请化妆师、摄像摄影师等。

（3）When 时间表。对发布会来说，时间表就是生命线。因为时间表不仅仅是记录时间，更是把整个项目串起来的逻辑线。对于每一个发布会，都要先理清项目内容及人员分工，再根据发布时间倒推各个时间节点，为每一项工作预留充足的时间，并列出每个明细项目的状态及下一步需要解决的问题。

3）传播：发布会的表达

无论是撒椒的“江湖见面会”还是乐凯撒的“乐见·榴莲比萨”，其实都是为了传达品牌/产品信息，所以发布会再炫再酷，如果没有传达出特别明确的核心信息也是白搭。而一场发布需要考虑的传播信息主要有以下几种。

（1）视觉沟通：发布会现场的布置风格、海报、服饰、礼品等各方面的视觉信息，并确保它们能充分展现发布会主题，让观众留下一个清晰的印象。

（2）发言人讲话：作为发布会的主角，其演讲的内容、形式、方法等应力求新颖，演讲的风格可以偏向于幽默、风趣，避免官僚式冗长拖沓的讲话。

（3）公关宣传：扩大发布会影响力，媒体意见领袖的力量不容小觑，因此，应提前为他们准备好新闻稿、活动流程、新产品介绍、有趣的小纪念品、车马费等，并在签到时分发给媒体。

（4）新闻通稿：为保证发布会信息传播的及时性和全面性，需要提前准备好通稿，并及时追稿审稿。

（5）采访和展示：尽量与媒体提前沟通，争取到重要媒体或自媒体的采访，因为通稿只是新闻稿，目的是为了“铺量”，专访内容更具深度，两者有机结合，更有利于营造有利的舆论传播环境。

（6）二次传播：为了最大限度地扩大发布会的影响力，有必要借力媒体及自媒体进行传播，引发网友的二次传播，并制造一定的舆论热度。

第八部　放诱饵

【解读】

放诱饵，即餐厅通过举办具有“诱惑力”的活动来吸引顾客参与，以达到提高餐厅人气、营业额和顾客满意度的目的。这类“诱惑力”活动通常表现为“美食免费送”“吃货霸王餐”“分享打折免费送”等形式，直接给消费者以利益承诺，促使爱占便宜的顾客为餐厅进行宣传。

事实上，放诱饵是餐厅比较常见的一种公关形式，经常出现在开业、周年庆、节假日等特殊日子，用以加强餐厅与顾客之间的关系。因此，它也是一门颇具创意的用户公关行为，即便同样是霸王餐“诱饵”，通过什么样的主题进行宣传，用户以怎样的方式参与，都会直接影响用户对诱饵的兴趣及对品牌的理解。

因此，包装一个具有诱惑力的“诱饵”是餐厅“钓”到用户的关键，从创意、表现形式到活动内容、媒体传播等，每个环节都需要精心设计，最终让用户情不自禁地“上钩”。

【案例】

尝鲜海鲜餐厅“关注免费送三文鱼刺身”

2016年1月，尝鲜海鲜餐厅在重庆南坪美全世纪城正式开业。这间餐厅主打平价海鲜，推出多款精致菜品，意在吸引当地的海鲜爱好者。开业期间，餐厅放出了一个简单粗暴的“诱饵”——关注免费送三文鱼刺身，用户只需要关注该餐厅微信号，并转发指定的微信图文信息至朋友圈，便可以到餐厅免费领取一份三文鱼刺身。

作为海鲜品类中受普遍欢迎的菜品，商家准备的1000份三文鱼刺身，可谓一个大大的“诱饵”，吸引了大量海鲜食客的关注，导致开业当天店里人气爆满。与此同时，配合“关注免费送”活动，餐厅还推出一系列促销活动，刺激用户关联消费，所以很多进店消费的用户，不仅通过关注公众号获得了免费品尝三文鱼刺身的机会，也被其他活动所吸引，点了不少其他菜品。用户消费后，餐厅通过发放代金券再一次捆绑消费者，提高了二次消费的概率。

通过这次活动，“尝鲜”海鲜餐厅不仅让周边3～5千米范围内的顾客知道了新店的开业，使其对餐厅的定位、产品有了全面的认知，而且开店之初便聚集了上千粉丝，为后续的营业推广奠定了良好的基础。

长沙海鲜自助餐厅 穿比基尼吃饭就免单

湖南长沙一间名为“金香鲍”的海鲜自助餐厅，主打海洋主题，因要求服务员必须穿比基尼迎客而引来外界颇多争议。对此，餐厅官方表示，此举是为了更好地配合阳光、沙滩、海岸、热浪的装修风格，为食客们营造如同在海滩就餐的氛围。

更令人始料未及的是，2013年，他们竟然推出了“穿比基尼吃饭免单”的活动，通过赤裸裸的“霸王餐”诱惑用户也穿性感比基尼用餐。此举一出，再次引爆了舆论，男顾客们纷纷表示愿意多光顾餐厅，而不少年轻都市白领、学生们顶着舆论争议参与了此次活动。

据了解，餐厅为了让更多消费者更好地接受这一特色就餐形式及氛围，特意举办了“穿比基尼吃饭免单”活动：凡是顾客穿着比基尼进店用餐，即可享受当次消费免单的优惠。餐厅负责人认为，长沙是一个相对开放的城市，选择这样的城市来做“穿比基尼吃饭免单”活动是可行的，既避免了消费者因抵触这种用餐形式而无人参与活动的尴尬，又将免单活动的参与人数及活跃度把握在餐厅可控的范围之内，有效地把控住了可能出现的“亏损”情况。

活动开始后没多久，不少穿着比基尼的年轻女子前来餐厅享用“免费”的海鲜自助餐。由于“比基尼美女服务员”等噱头十足的话题，让金香鲍的品牌名迅速活跃于长沙本地各大媒体，全国网媒、视频媒体等也纷纷加入报道的行列，“金香鲍”这个别具一格的品牌迅速被人们所认知。

通过诱人的霸王餐活动，“金香鲍”不仅为餐厅带来了客流，更凭借“比基尼美女”的噱头引发关注与热议，给餐厅带来大量“曝光”的同时，也加深了用户对“海洋主题”定位的印象。

呷哺呷哺“520 甜蜜出击”手机摇一摇中大奖

2015 年 5 月 20 日，呷哺借助 iBeacon 技术发起了“520 甜蜜出击”的活动，即食客在指定时间内参与由餐厅营业员组织的一起用手机“摇一摇”活动，便可“摇”出餐厅大奖。

活动规定，从 4 月 25 日到 5 月 20 日，呷哺呷哺拟送出 80 万份礼物。每天从 10 点 20 分至 20 点 20 分，呷哺呷哺旗下的 500 家门店相互联动，顾客每小时都能摇一次奖，真正意义上做到“时时摇、时时中”。为了吸引更多消费者参与，呷哺呷哺甚至推出了浪漫爱琴海旅游基金、iPad mini、拍立得等重磅奖品，吸睛指数瞬间飙升！

众所周知，继羊年春晚与微信合作开展“摇一摇”抢红包活动起，2015 上半年简直就成了“摇一摇”的天下，呷哺呷哺采用的互动游戏恰好迎合了潮流，自然受到人们的广泛喜爱，成功吸引了一批又一批顾客上门玩起“摇一摇”游戏。更为重要的是，呷哺呷哺借助互联网工具有效地实现了用户沉淀，获得了大量忠

实的客户，也为餐厅后期的精准营销奠定了基础。

【总结】

通过以上案例，我们总结出“放诱饵”的几大关键点。

1．放诱饵的形式呈现多样化

放诱饵的形式有很多种，类似免费吃、免费送、免费体验、分享打折、抽大奖等，由于都是免费，用户参与成本低，所以屡试不爽。

至于诱饵的形式选择，应当以餐厅公关的目的为出发点：如果仅仅是吸引用户关注微信公众号这么简单的目的，那直接以现金券、免费体验券这样简单粗暴的诱饵最有效；如果想做一场品牌公关秀，强化餐饮品牌印象，提升品牌知名度，诱饵的创意和形式都应当用心谋划，不仅在创意上要能凸显品牌价值，而且在“诱饵”的投放量上也要加大，预算自然也相应增加。

2．放诱饵只是开始，后续留存考验硬功底

以“利益承诺”作为核心的公关创意手段，能吸引大部分“爱占小便宜”的消费者关注，他们参与活动的目的就是为了赢得福利，一旦诱饵消失，怎样让这部分消费者留下来，考验的就是餐厅的硬功底。

因此，餐厅在“放诱饵”的时候，通常会设定几个不同类型的诱饵，第一个诱饵先将顾客拉进餐厅，下一个诱饵放下去，希望能促进用户反复进店消费，于是类似尝鲜海鲜餐厅餐后发放“现金券”的方式就出现了。当然，留住顾客的核心还是餐厅本身的出品、服务、环境等综合性价比。

3．放诱饵的 4 大技巧

（1）诱饵量要足够大

诱饵量大小决定消费者对活动的关注度和热情度，因此在预算范围内宁愿减少“放诱饵”的频次，也要将诱饵的“剂量”下足。

（2）放诱饵的时间要合理

尽量安排在新店开业、新品上市、市场淡季、节日促销、周年庆等特殊时期，给餐厅“放诱饵”一个充分的理由，否则容易给人以餐厅“贱卖”的感觉，不利于品牌价值塑造。

（3）诱饵“颜值”要足够吸引人

诱饵“颜值”就是包装，用什么样的主题来承载“诱饵”也很重要，同样都是霸王餐，但由于霸王餐的包装形式不一样，引起的用户和媒体的关注度也会大相径庭，例如金香鲍“穿比基尼吃饭就免单”的形式就创意十足，不仅吸引用户、媒体关注，而且易引发话题传播。

（4）诱饵的宣传声势要到位

宣传是“诱饵”的放大器，除了餐厅本身的视觉营销，在吸引消费者进店消费的多个“接触点”中，要不断曝光“诱饵”的存在。此外，有必要借助媒体及KOL（意见领袖）的力量，为“放诱饵”拉开宣传攻势。

4．放诱饵≠促销

千万不能陷入“放诱饵＝促销”的误区，促销仅仅是诱饵的一个形式而已，不能涵盖“放诱饵”的全部。“放诱饵”更是一种品牌公关行为，它通过某种“诱惑力”吸引用户眼球，过程中不断强化品牌价值，与用户近距离沟通，并借助媒体宣传为品牌造势。

第九部　玩饥饿

【解读】

玩饥饿，通俗点讲就是人们常说的“饥饿营销”，即餐厅有意调低出品产量，以期控制供求关系，制造供不应求的“假象”，增加品牌的“受欢迎度”和产品的“稀缺性”，从而塑造产品和品牌的高价值感，勾起消费者强烈的购买欲望。

“玩饥饿”是商家惯用的品牌公关手段，例如，买新车要先交定金再排队等候，买房要先登记并交认筹金，我们还常常看到“限量版”“秒杀”等宣传语，这些都是商家有意而为之。通过制造饥饿感，一方面引发用户对产品的好感并口碑相传，另一方面媒体也会过来凑凑热闹，于是我们经常能看到“×× 地产开盘，市民雇人熬夜排队摇号认筹楼盘”等新闻报道，为商家省了一大笔的广告宣传费。

餐厅通过什么方式制造“饥饿感”？在什么时候开展“饥饿营销”效果更佳？如何控制好饥饿的度？这些都是餐厅需要掌握的学问，只要“玩”得好，打造一个大排长队的餐厅并非难事。

【案例】

太二酸菜鱼：100 条鱼卖完即关门　一桌超 4 人就别进门

广州有一家“太二酸菜鱼”，主打老坛酸菜鱼，其团队口号是“要做全宇宙第二好吃”的酸菜鱼。为什么不是第一好吃呢？据称，因为二是一种态度，年轻人喜欢。而且店名也是因老板将全部精力放在研究产品上而忽略了其他，常被顾客笑称“太二”而得来。换言之，此菜馆的菜品定是非常了得。

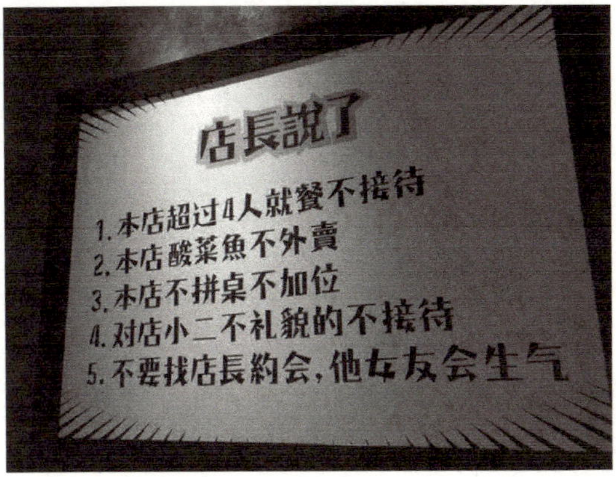

在太二的定义中，好产品有两点，一是鱼本身好，二是客人吃鱼的体验好。太二家的鱼选用鲈鱼，据说每一条鱼大概是 1 ～ 1.3 斤，片鱼都有讲究，厚度维持在 0.2CM，长度控制在 7CM 左右，这样的鱼片吃起来口感最佳。

为了让客人可以有更好的就餐体验，太二制定了几条招人烦的店规，其中骂声最高的一条就是：4 人以上恕不接待。这条规矩的出发点是为了让客人可以有更好的用餐体验，因为太二从菜品到灯光再到桌椅的尺寸，都是针对 4 人设计的，如果再多一个人，用餐体验必然下降。

同时，为了保证产品质量和服务质量，菜馆甚至做出规定：每天只卖 100 条酸菜鱼。正因为这些“太二”的条规，即使去排队了也不一定吃得到。

很显然，限量供应、不外卖等“太二”的做法，配上店内很多稀奇古怪的标语，不仅符合年轻消费人群喜欢的“拽”和“高调”的感觉，而且这种“饥饿式”的营销方式，让用户对其招牌菜“酸菜鱼”充满期待，以致造成排队的盛况。

喜茶：最长排队 7 个小时　每人限购 2 杯　惊现“黄牛党”

喜茶，前身是“皇茶”，因商标不能注册，全国出现“山寨潮”而更名为喜茶。从广东江门起步，先后在中山、佛山开店，此后踏足广州、深圳、上海等主要城市。

相信很多人都是从“大排长队”“黄牛党购票”等各类新闻听说喜茶，喜茶自入驻一线城市开始，就一直被各大媒体报道，最长排队时间超过 7 个小时。据称，其广州和深圳两地面店，平均单店单月营业额在 100 万元以上，其中深圳排队最火爆的海岸城店，面积 90 平方米左右，月营业额超过 150 万元。

2017 年春节后，上海来福士广场开设上海第一家喜茶店，开业当天竟然卖出

4000 杯茶饮，最火爆的时候有 300 多人排队，为喝一杯茶饮要等上 7 小时，甚至有人开始做起了黄牛，帮买一杯需加价“50 元”。开业盛况瞬间刷爆社交网络，各地报纸、电视台纷纷报道排队盛况，相关社会经济学专家也对此现象进行了研究。

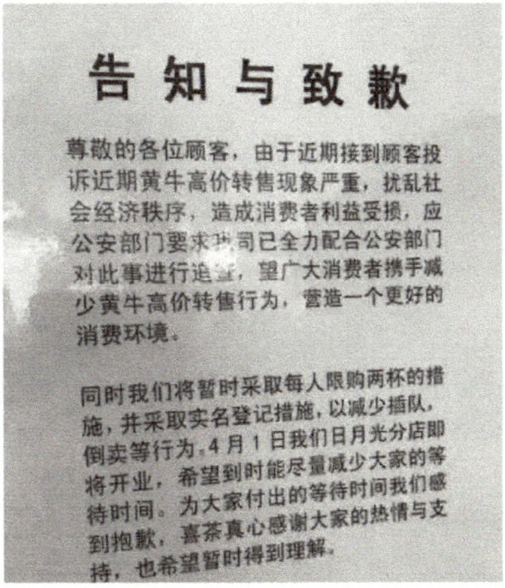

同时，为了减少插队、“黄牛”倒卖等行为，喜茶官方多次采取限购措施，从最初的每人限购 2 杯，到最后甚至贴出“告知和致歉”，要求顾客实名登记。这招一出，再次引发广大网友的热议。

从排队到“黄牛党”，从限购到实名制，喜茶“玩饥饿”的技巧已经到了炉火纯青的地步，至于这过程中是否存在外界所质疑的雇人“刷单”等内幕，都已经不再重要，重要的是，全国人民都知道了“喜茶”这个品牌，喜茶在一步一步的“饥饿”中，吊起了广大消费者的胃口，实现了销量和品牌双丰收。

上海“世界第一个感官餐厅” 提前 3 个月预订才排得上号

上海有一家餐厅号称“世界第一个感官餐厅”，一天只接待 10 位客人，还要提前 3 个月预订才排得上号；只能通过餐厅官网预订，没有其他渠道；每人 3000 元，且预订当天需支付定金 1000 元 / 人，之后是漫长的三个月等待；没有具体地址，客人不能私自前往，统一集合后由餐厅专车把客人送到用餐地点。这样一家酷炫的餐厅，名叫 Ultraviolet by Paul Pairet（简称 UV，译为“紫外光”）。2013 年和 2014 年，它连续两年获得“亚洲最佳餐厅 TOP50”称号。

据悉，所有顾客均须提前约 3 个月通过官网预约，成功预订后，用餐当晚在上海外滩 18 号 Mr & Mrs Bund 餐厅的楼下，一辆专用的商务车将接送人前往 UV 餐厅。车子顺着苏州河沿岸七拐八拐驶入一条小巷，开进一个破旧的由老工厂改造的“创意园区”。下车后，客人被带到一栋看似仓库的厂房前面，那就是 UV 餐厅的店址。

UV 的主餐厅是一个类似电影“骇客帝国”的科幻实验室，四面高墙，纯白色，充满未来感，连窗户都没有。位于这个高耸的白色空间正中央，是一种类似会议室的摆设 —— 一个巨大的白色长桌和 10 张白色工作椅。

晚宴主人 Fabien Verdier 会指引每一位客人走到写有自己名字的座位前，座位牌是用灯光特意投射出来的，专属尊贵感很强。待所有客人坐下后，主人只身离开，灯光渐暗，好戏即将上演。然后，四面墙上的大屏幕突然亮起，会让人感到整个房间在迅速下沉，然后出现一个男人富有科技感的声音，房间下沉得越来越快，四面墙上的影像迅速转变，像极了那些科幻电影的开头，几乎所有客人都会被这效果震撼到不知所措！

最后，主人出场欢迎客人，并介绍 20 道菜的菜单。20 道佳肴 +12 道酒水的套餐被划分为不同的主题，每一道菜都会搭配独特的餐具、影像、音乐、气味，每介绍一道菜，屏幕墙会对应显示菜品名称信息，菜品的造型、创意烹饪及独特的展示方式让人惊喜不断。

这样一场高格调、高消费的餐饮场所，选在一个毫不起眼甚至可以说是偏远的区域，却借助类似小米、苹果公司“预订式”的饥饿营销，成功地吊起了用户对餐厅的好奇心。为此，笔者特意进入餐厅官网预定页面查看，2017 年 6 月 1 日的订餐数据显示，9 月 2 日之前全部被预订，如下图所示。

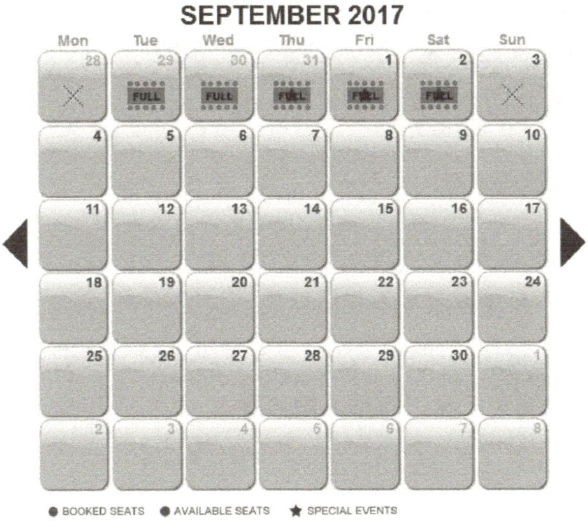

【总结】

“玩饥饿”是营销心理学在品牌公关领域的应用，它通过透析当下消费者消费心理与行为习惯，制造出“产品很受欢迎”的假象，从而达到吸引用户眼球和消费的目的。通过以上3个案例的阐述，我们总结出“玩饥饿”的几个关键点。

1．玩饥饿的3种方式

（1）限量供应

选择一个有吸引力的新鲜菜品，符合“高颜值、好吃、不贵”等特性，且最好是餐厅的招牌菜，限量限时供应。

（2）排队等位

给餐厅预留一个舒适的空间作为等位区，并且做好相关的等位服务。例如，餐饮小食不限量供应，打印照片、美甲等新式服务，制定等位优惠政策等，为的是让用户耐心等候，而不至出现在等位的过程中太无聊，转而放弃排队的情况。

（3）卖断货

选择具有一定口碑的餐品，最好是餐厅的“爆品”，时不时放出“断货”风声。同时，餐厅向顾客建议应提前预订，以保证成功吃到美食，这样对于餐厅的日常经营，尤其是后厨食材的准备意义重大。

2．玩饥饿需注意的4点

（1）产品一定要过硬

用来玩饥饿的产品或者服务本身质量要过关，最好选择店内口碑最好的产品，这也是餐厅打造忠实粉丝的关键。否则，即便成功吸引消费者进店消费，却达不到预期，反而会招来骂声一片，有损品牌声誉。

（2）控制销量

制造出供不应求的表象，目的是为了激起顾客疯狂抢购的欲望。例如某餐厅每天限量供应30个招牌鱼头，实际上要按照40甚至50个鱼头的量去备货，“玩饥饿”只是控制公布出来的数字，制造出产品的“稀缺感”。

（3）有利益引导

比如“等位超过20分钟享受8.8折优惠”“消费者凭取号小票可享受9.5折优惠”等，能让消费者得到额外的利益。

（4）要控制好节奏

饥饿营销也与其他炒作方式一样，讲究的是恰到好处，过犹不及。“饥饿”时间太长、断货太过频繁最终会让顾客离你而去，而选择竞争对手。

第十部　造节日

【解读】

造节日，顾名思义就是“创造一个节日”，餐厅为了标新立异从而策划一个有别于约定俗成的传统节日的“专属节日”活动，以吸引顾客进店消费，增强用户对餐饮品牌的认知度和关注度，并且每年甚至每月会在规定的时间里重复策划，继而形成一个有传承、有文化内涵的“节日”。

近几年，造节运动近乎疯狂，类似 5 月 20 日“情人节”（谐音“我爱你”），5 月 17 日“吃货节”，11 月 11 日“光棍节”等层出不穷的非传统节日，成为很多商家吸金的重要时间。餐饮界也不例外，2 月 14 日“接吻打折节”，6 月 2 日“外婆节”，每月第一周的周四“KAO 铺节”等也让餐饮老板们尝到了“造节日”的甜头。

那么，餐厅如何造节日？造节日需要注意些什么问题？餐厅需根据自身餐饮品牌价值和实际需求来定，造节日不仅是单一的促销活动，更是塑造品牌价值的公关艺术。

【案例】

西贝亲嘴打折节重新定义情人节

每年的情人节，大部分情侣都会选择外出就餐，对此，很多餐厅除推出让人心动的优惠活动外，还会特意为情侣们准备各种情侣套餐。然而，这些老生常谈的情人节营销手段，已经失去新意，对消费者的吸引力也在慢慢减弱。

西贝莜面村推陈出新，重新定义情人节，于 2016 年情人节打造出一个专属的节日“亲嘴打折节”。顾客只需在西贝的微信公众平台上选择要挑战的接吻类型，然后再上传接吻照片，并在 2 月 14 日当天带着照片前往西贝店内消费即可享受打折。西贝之所以将“亲嘴打折节”定在情人节，是因为情人节传达的“浪漫爱情”信号，与西贝一直主张的“爱”文化不谋而合。

西贝为“亲嘴打折节”准备了一个极其吸引眼球的广告语：吻得越深，折扣越大，并设计了 4 种不同的亲吻姿势和对应折扣，如上图所示。同时，为了营造气氛，

还派专人在现场免费派送玫瑰花，并在当天举行“我爱猜猜歌”“爱要大声说”等互动游戏，让所有进店的顾客，都能充分感受到一次与众不同的“接吻打折节”。

2017 年 2 月 14 日，西贝推出第二届“亲嘴打折节”，并在传播力度和游戏规则上进行了升级。只要在情人节活动期间，用餐完毕后按规则进行亲吻，就可以获得相应折扣，最大优惠可达 6.6 折。活动期间，无数对情侣和家庭走进西贝，其中不少“混搭”的配对也参与到活动当中。大家纷纷表示，既能秀恩爱又能得实惠的活动确实让他们印象深刻。超越年龄和一切束缚的浪漫，就是西贝“亲嘴打折节”的初衷。

由于西贝“亲嘴打折节”形式新颖，在众多的情人节活动中脱颖而出，给消费者留下了深刻的印象，且极具话题性的活动规则也引起了用户和媒体的广泛关注，无形中为西贝做了大量的免费宣传。

“Kao 铺节”打造粉丝美食狂欢节

新消费升级背景下，逐渐成为社会主流消费群体的年轻一代普遍对餐饮品牌忠诚度低，喜欢有个性、有特色、好玩的餐饮文化，他们对一个餐饮品牌的追随，除对餐厅出品本身的认可外，还有对餐厅的文化调性与自身匹配程度的认可。对此，互联网餐饮品牌佼佼者Kao铺首创“Kao铺节”，它突破传统节日每年一度的形式，每月一次，以高频、多样化的节日活动内容，打造专属Kao铺粉丝的美食狂欢节。

据了解，Kao铺成立于2015年7月，2016年成功获得2000万元A轮融资，并在不到2年的时间内在全国开店125家，其酱汁技术输出欧美，并顺利在英国、德国、西班牙开店，是国内首家进军欧洲市场的互联网外卖品牌。

提起“Kao铺节”，不得不先说说“Kao铺”两字，它与“靠谱”谐音，这体现了创始人兼CEO吕强先生创建品牌的初衷——做一件靠谱的事，同时也是Kao铺品牌口号——“靠谱的人，吃kao铺的饭！”的核心关键词。可以说，“Kao铺”这两个字是品牌的核心价值和文化的“化身”，因此，推出“Kao铺节”其实是为品牌打造了一个专属的“文化标签”，也是搭建了一座与粉丝无障碍沟通的桥梁。

每个月第一周的周四，“Kao铺节”在全国100多家店面全面启动，线上新媒体传播和线下终端宣传“双管齐下”，各种促销搭配丰富多彩的大礼包，短时间便营造出一种“美食狂欢”的盛况。

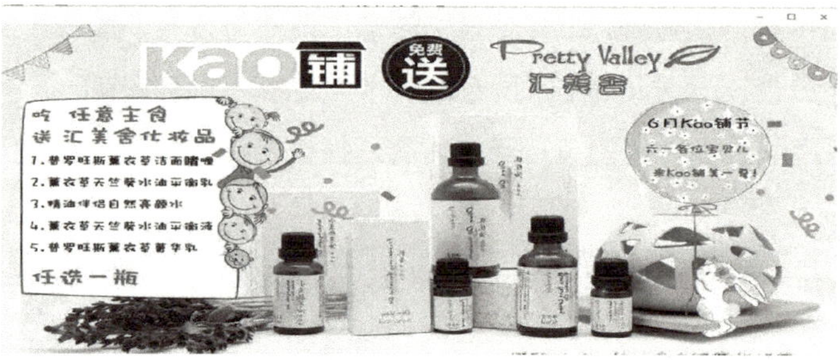

例如，2016年4月6日是4月的“Kao铺节”，当天所有门店礼品都送价值8元的“NB果汁”，用户进店消费即可免费领取；5月份的“Kao铺节”礼品是Kao铺定制水杯；6月份的“Kao铺节”礼品是汇美舍化妆品；7月份的“Kao铺节”礼品是可口可乐水杯……几乎每一个“Kao铺节”都会给用户不一样的福利和惊喜，每个店铺都异常火爆。

据Kao铺相关负责人反馈，“Kao铺节”为门店贡献的平均增客率高达25%，营业额提升超过30%。很多用户都会冲着各种礼物而来，由于礼物都非常实用，因此会被用户长期使用，这无形中为品牌做了免费的宣传。当然，“Kao铺节”的意义远不止于此，这类高频的节日不断加深用户对“Kao铺”品牌的印象，也提高了用户满意度，对于在全国范围内的招商和市场拓展也非常有价值。

“62外婆节”—— 一个品牌专属节日

2015年，全国知名杭帮菜系连锁餐厅外婆家，结合杭州当地文化和品牌本身定位，打造了一个杭州城的吃货狂欢节，节日定在每年的6月2日，并命名为“62外婆节”。截至2017年6月2日，外婆家已经成功举办三届“62外婆节”，成功抢占了“外婆节”的专属权。

提起62，杭州当地人都清楚，是形容人办事稀里糊涂，说话不靠谱，有时还被用来形容人落魄。如今这个词多了些调侃的意味，外婆家更将62赋予了一层新的含义，“62就是利他，而利他是我们的经营理念”，外婆家总裁裘晓华表示。

“62 外婆节”由杭州市 19 家外婆家餐厅及外婆家旗下炉鱼、动手吧、第二乐章、锅小二、指福门、穿越等餐饮品牌共同参与。活动开始前，外婆家通过微信公众平台上公布“62 外婆节”活动信息，粉丝可以通过外婆家微信公众号报名，有机会赢取 620 位“霸王餐”名额。获奖者可在当天到杭州市任意一家外婆家享受 500 元以内的“霸王餐”，而超出部分可以享受 6.2 折的优惠。未获得“霸王餐”名额的消费者，当天到任意一家外婆家餐厅进行消费，同样可享受 6.2 折优惠。此外，外婆家旗下的子品牌餐厅推出多种 6.2 元的精美菜品，并赠送一份能在旗下 6 大子品牌门店各使用一次的代金券。

同时，为了提高餐厅的服务质量，外婆家牵手河狸家和 Uber 跨界合作，将美食和美甲、吃与行完美结合，用户参与“62 外婆节”的同时，能享受河狸家和 Uber 带来的服务和活动，从而营造全方位的活动气氛。

据统计，在第二届“62 外婆节”中，杭州市内有 700 多桌的消费者在外婆家享受了免单，而杭州、上海、江苏三地所有参加活动的外婆家门店总计贡献出 28000 单的优惠，活动覆盖超过 10 万人。浓烈的过节氛围，除吸引杭州本地吃货外，甚至还有从外地专程赶来“过节”的顾客，足见“62 外婆节”强大的吸引力。

每一届“62 外婆节”，外婆家预计至少花 100 万元请杭州人吃饭，但这为外婆家带来了远超过 100 万元的品牌价值。外婆家首创的“外婆节”不仅将品牌文化塑造到了极致，也通过一系列 62 主题活动让利给广大消费者，为餐厅带来了超高的人气，成为了餐饮界“造节”的成功典范。

【总结】

在众多餐饮品牌中，要数西贝、外婆家在“造节日”上玩得最溜，节日命名、内容、形象、宣传和媒体造势等多个维度，都值得餐饮人学习。除此之外，一些区域餐饮品牌，如深圳蚝主题餐厅“蚝门九式”、中山传家菜“谭厨”也都在“造节”上做出了新意。

蚝门九式自2014年起便在每年年底举行一场“千人蚝宴”，邀请餐厅金牌会员客户、行业大咖、媒体记者等共同见证“年味蚝礼新品发布会”，并结合各类潮汕特色表演、互动、现场直播等形式，将“千人蚝宴”打造成专属节日。目前，活动已成功举办四届，收获大量好评，对餐厅业绩与蚝衍生产品的销售都起到很大的提升作用。

谭厨小菜定位中山传家菜，其中“中山乳鸽”和“菊花宴”是其最具地域代表性的招牌菜。为了强化产品价值，与消费者进行更亲密地互动接触，谭厨小菜分别策划了“深圳首届菊花宴”和“谁是鸽王”吃鸽比赛，颇受好评，未来也将成为该品牌的专属“节日”。

通过这些案例，笔者总结出“造节日”的几个关键点。

1．“造节日”的两种形式

一种是在现有的节日上重新定义，类似西贝“亲嘴打折节”；第二种是根据餐厅品牌特性创造一个新节日，类似“Kao 铺节”“62 外婆节”。

2．餐厅“造节日”需注意的地方

（1）节日要与品牌有契合度

西贝莜面村主打“爱”的口号，与情人节的浪漫主题相呼应，“亲嘴打折节”不限参与者的关系，更是在传达一种“大爱”；Kao 铺一直在传达其“靠谱”的品牌价值，“Kao 铺节”正是通过持续不断的礼品，留给用户非常“靠谱”的感觉；外婆家是知名杭帮菜连锁品牌，选择“62”这个杭州人都懂的数字，用调侃的方式给“62 外婆节”贴上了“杭州”的标签，让杭州人倍感亲切，且节日的命名和主题内容与外婆家的品牌文化密切关联。

（2）餐厅活动要与节日相呼应

“亲嘴打折节”与情人节在同一天，因此西贝推出“亲嘴就能打折”、赠送玫瑰花、互动游戏等多个活动，实际上诠释了情人节“爱”的主题；“62 外婆节”旨在打造美食文化节，推出 620 份“霸王餐”、6.2 折优惠、多品牌现金券、跨界服务等诸多活动，让餐厅活动与节日遥相呼应，营造出十足的节日氛围。

（3）要有吸引眼球的主打活动

无论是父子、母女、朋友还是情侣，只要亲个嘴就能享受折扣，这样的设定注定在活动前后都能引起消费者的热议；不花钱或者少花钱就能享受一顿美味，这对于很多追求性价比和用餐体验的消费者来讲，也有强大的诱惑力。

第十一部　秀公益

【解读】

“秀公益”就是以关爱弱势群体，关注人类生存发展，推动社会进步为出发点，借助各种公益营销手段，包括提供有形的财物、无形的劳务，或为社会做有意义的贡献等形式，与消费者进行沟通，在产生社会公益效应的同时，使消费者对餐厅的产品或服务产生偏好，从而提高品牌知名度和美誉度的营销行为。

作为社会的重要组成部分，餐企在获取商业利润的同时，也需承担一定的回馈社会的责任。而做公益是餐饮企业回馈社会的重要手段，也是公认的最能被用户、社会所接受的营销方式。

毕竟，以“爱”之名行公益，能唤起广大消费者的同情心和正义感，即便过程中掺杂一些“商业炒作”的味道，但在“公益”这件外衣的遮掩下，一切都变得可以谅解。于是，不难理解为什么各类餐饮品牌，无论大小，如肯德基、刘一手心火锅等都热衷于“秀公益”这件事情了。

【案例】

罗莎比萨店用 1 美元支撑起“比萨传递计划”

美国费城有一家远近驰名的比萨店——罗莎比萨店。店主沃特曼很有爱心，他希望能尽一己之力帮助有需要的人，所以他总是将自己店里的比萨“捐”出一部分给流浪汉或者囊中羞涩的人们。同时，他也希望能有更多的人与其共同参与到这项爱心公益活动中，也为解决店里因常年“捐赠”而导致的亏损问题。于是，一项“比萨传递计划”应运而生，也因为这项公益活动，“罗莎比萨店”成为费城的名店。

2014 年，罗莎比萨店首次推出公益活动“比萨传递计划”，公益计划的具体内容为：来到罗莎比萨店消费的顾客可以多花 1 美元，为有需要的人预留一块比萨。另外，店主还将每块爱心比萨的“来历”写在便利贴上，并贴在店面墙上，等到有人来领取，再补上它的“去处”。这样，一块比萨就完成了“爱心旅行”，也让公益计划变得更加透明，让消费者们都能相信并参与到公益活动中来。

罗莎比萨店的义举被一传十、十传百后，越来越多的人跑到店里称要为无家可归者提供帮助。事实上，1 美元根本不足以购买一块比萨，比萨店的生意不但没有因慷慨解囊而日渐亏空，反而顾客盈门。2017 年 1 月，沃特曼还登上了美国著名脱口秀“艾伦秀”。节目播出后，比萨店又获得某爱心人士 1 万美元的赞助，专为流浪汉提供免费比萨。

依靠高客流量所带来的基础利润，罗莎比萨店不仅避免了爱心公益行为易出现的亏损困境，在这场爱心公益活动的助力下实现了更高的盈利，还为比萨店烙下了“爱心的印记”，提升了品牌的知名度与美誉度。

刘一手心火锅专聘“天使服务员”助力聋哑人就业

“捐赠”是公益活动中最常见的形式之一，但古语有云“授人以鱼不如授人以渔”。面对那些需要帮助的弱势群体，除捐赠财物外，给予他们良好的就业机会与平台，同样不失为一种实行公益的好方法，刘一手心火锅创始人刘松从建立品牌之初就充分意识到了这一点。

2012 年，刘松创建了助残餐饮品牌——“刘一手心火锅”，旨在帮助残障人士摆脱困境，扶残创业。开业至今，该店一直对外宣称将专门聘请聋哑人士为服务员，并为其提供技能培训与就业安排。

在刘一手心火锅店里，每张桌子上都安装了感应呼叫器，用餐顾客如有服务需求，通过按动感应器，便可通知店里佩带感应手表的“天使”服务员前来服务。此外，顾客还可以选择举起桌子上的爱心牌（如下图所示），呼叫经过的服务员。在服务过程中，“天使”服务员们会使用随身携带的笔和本子与顾客实现沟通。

众所周知，火锅相对其他餐饮业态，下单、服务流程相对简化，更符合聋哑人士能力范围，也降低了服务出错率，减少了与顾客可能出现的摩擦。

据刘一手心火锅店长介绍，“天使”服务员们的工作热情极高，相对普通服务员，他们的团队凝聚力更强，对工作更加积极主动，也更渴望被认可，因此服务质量也随之提升。

这一新型的公益形式一经推出，便受到了不少消费者的认可和支持，相关媒体也对此义举进行了大幅报道，刘一手心火锅的知名度与美誉度也迅速得到提升。刘一手心火锅仅用两年的时间，便在全国开设了数十家门店，遍布北京、上海、重庆、深圳、新疆、合肥等地，拥有近千名聋哑员工。

【总结】

在“公益”这件事情上，大部分餐企仅仅停留在“做”的层面，却都忽略了“秀”的价值，他们并没有这个意识：借助媒体对公益活动进行宣传，将让消费者、媒体、行业人士知道餐企正在践行“公益”的理念，让“公益”的价值最大化。他们更多的是默默地做着各种公益活动，外界却知之甚少。

通过以上“秀公益”的案例，我们可以总结出以下几个关键点。

1. 秀公益的 3 种常见形式

（1）关照弱势群体

对社会上需要帮助的弱势群体给予特殊的帮助和支持，类似前文讲到“刘一手心火锅”对聋哑人的关照，“罗莎比萨店”对社会流浪人群的无偿帮助等。

（2）志愿者活动

通常表现为组织企业员工充当“义务志愿者”，对某项公益活动无偿贡献劳动力。对此，餐厅品牌在创建之初，可组建一支“爱心志愿者”队伍，每周定期在餐厅周围做一些类似“扫马路”“捡垃圾”的公益活动，让每个志愿者都身穿带有品牌标识和口号的服装，这无形中又是一次让周边消费者难以抗拒的品牌植入。

例如，2017 年 4 月 22 日，在深圳第 17 届“磨房百公里徒步”的公益运动上，一家名为“老碗会”的餐饮企业通过设置美食补给站，高管带头捡垃圾的公益行动，让品牌一下子名声大噪。借力新媒体传播，餐企成功链接深圳驴友社群，并刷爆驴友朋友圈，风头甚至盖过部分活动赞助方，“高管带头捡垃圾”的公益行动也登上了百度热搜榜。

（3）慈善捐赠

通常慈善捐赠分为 3 类，分别为冠名捐赠、销售型捐赠、奖项型捐赠。其中“冠名捐赠”更多倾向于各种大型的捐款活动，例如 2008 年的汶川大地震、2015 年天津滨海新区爆炸事故等大型灾难，官方慈善机构发起大型捐赠活动，餐饮品牌可积极加入捐赠行列，奉献爱心的同时也宣传了自身品牌。

销售型捐赠，是针对企业推出的某个产品 / 服务，根据销量的多少进行捐赠。例如某餐厅与某慈善基金会合作，针对餐厅新推的招牌菜式“水库鱼头”（售价 99 元 / 条）承诺每销售一条水库鱼头，便向“贫困边远山区留守儿童”捐款 8.8 元。

奖项型捐赠，通常是企业设定某个奖项，这个奖项主要用于鼓励社会上在某方面做出重大贡献或者需要帮助的人群，类似“诺贝尔奖”、“茅盾文学奖”、星巴克的“部落孩童助学计划”等。对此，餐厅可以选择与高校合作，成立一个以品牌命名的奖项，用于鼓励每年考上大学的贫困学生，以此作为“噱头”进行“公益秀”。

2．秀公益的 3 个关键点

（1）关联性原则

餐厅策划的公益活动应该与企业的品牌、价值观念相符，让“公益秀”成为传播品牌文化的载体。

（2）长期性原则

据调查显示，当某企业一直参与公益事业时，有 87.5% 的消费者表示会对企业的品牌有更好的评价。因此，餐厅更应当将“秀公益”作为一场长期的营销手段，而不能一时心血来潮，图个新鲜做一次就不做了。

（3）适时性原则

适时的“公益秀”能让企业摆脱“炒作”之嫌。当发生类似地震、洪涝等重大自然灾难时，餐企不妨根据实际情况，适时介入，一方面满足社会民众对餐厅的期望，另一方面也借此拔高餐厅品牌形象，给品牌“炒作”一个合理的理由。

第十二部　策事件

【解读】

策事件，顾名思义是通过策划具有新闻价值、社会影响力及名人效应的事件，吸引媒体、广大社会群众及消费者的关注，以提高餐企的知名度和美誉度，并能促进产品或服务销售的一种“公关”方式。上一章节阐述的“秀公益”属于“策事件”的一种表现形式，但“策事件”却不止“秀公益”这一种方式。

“策事件”被认为是最能引起人们共鸣，最具传播价值的公关方式，也是所有公关方式中最系统、最具难度的一种方式。尤其在互联网时代，借助互联网传播手段，更是如虎添翼，具备“四两拨千斤”的能力，因此备受餐企推崇。

那么，如何策划一件有影响力的公关事件？策划事件的关键点和注意点有哪些？是请外部公关团队，还是自己操盘？餐厅要根据实际需求选择适合自己的方式，而不是一味地追求影响力而不顾自身团队情况及预算的限制。

【案例】

呷哺呷哺重金悬赏捉拿“偷菜贼”

2015年，呷哺呷哺进军上海市场5周年，就在门店为新品上市做准备时，一则“悬赏通告”引发了众人的关注。据称，在呷哺呷哺的门店里有8类菜品遭到“偷窃”，于是呷哺呷哺在上海、江苏全“呷”区悬赏重金捉拿“偷菜贼”，并承诺凡有“爆料”，必有重赏。

阶段一：设置事件悬念，引发公众的好奇心

此次“偷菜事件”激发了全民的好奇心，究竟是何人偷菜？意欲何为？又是如何得手？这些疑惑都对消费者产生了强烈的吸引力。

同时，呷哺呷哺官方也通过微信、微博、BBS、新闻媒体、意见领袖等多渠道对事件进行了曝光，将“偷菜事件”推升至热点议题，扩大了事件的传播范围，进而引起了广大网民及消费者的持续关注和讨论。经过这一系列的悬疑设计、精准传达，吊足了围观群众的胃口。

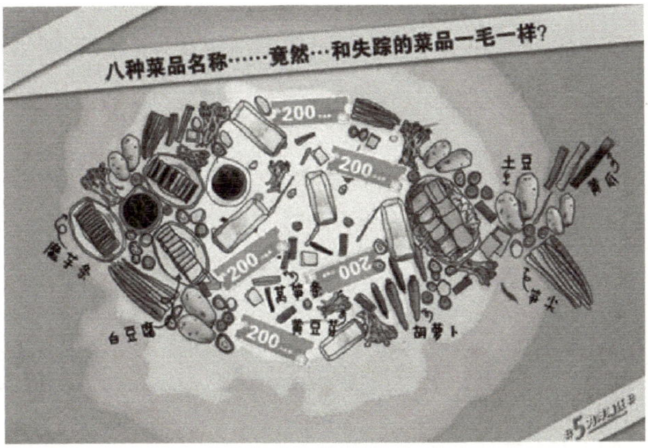

阶段二：重金悬赏，增加噱头，提升互动

随后，为保持事件热度并更好地与品牌活动相结合，呷哺呷哺出面，高调宣称将活动的 20 万份奖品全部以“赏金”的形式发放，鼓励消费者到店“爆料”。

与此同时，呷哺呷哺官方最为重要的举措便是与受众保持良好的互动，通过多个平台，不间断地向外爆出“偷菜贼”或将于呷哺呷哺店内现身等“线索”，成功地将线上流量转化为线下消费。

据统计，在呷哺呷哺设置“悬赏”期间，“偷菜事件”吸引了网友们超过 400 万次的关注，并且有 7 万多人参与了事件的讨论，实际到店参与“爆料”的人数甚至达到了 9 万，转化效果显著。

阶段三：解开悬念，引出新品

为了持续推动事件热度，并将更多品牌及产品信息融入传播之中，呷哺呷哺最终公布了“偷菜事件”的“元凶”，即呷哺呷哺新品“麻辣爆料鱼火锅”中的主角——巴沙鱼。

此外，呷哺呷哺官方还为这位可爱、蠢萌的“偷菜贼”编排了一套“坦白”说辞：巴沙鱼偷菜是为了制作出美味的“麻辣爆料鱼火锅”。这一套说辞不仅生动萌趣，还成功博取了年轻消费者们的芳心，也让广大消费者对所谓“偷菜”才制成的美味新品火锅产生了更多好奇与期待。

果不其然，呷哺呷哺新品面世之日，受到了众多消费者的追捧。这次悬念迭起的宣传活动，在成功为新品打下坚实口碑基础的同时，也让人们记住了这个创意十足的品牌。

雕爷牛腩：微博“大V”@*留几手*巧遇苍井空

2013年5月19日，微博段子手“留几手”发布了一条在雕爷牛腩用餐时巧遇苍井空的微博，@*留几手*充分相信网友的智慧，在微博上发起了在线求助。

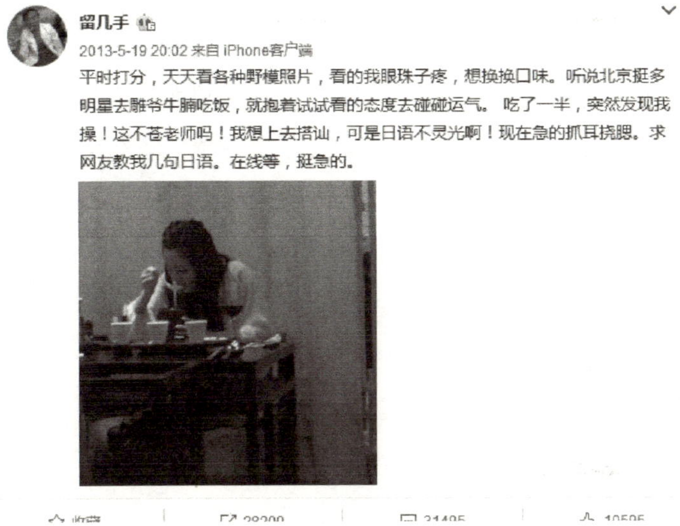

@*留几手*是自媒体界公认的网红，微博粉丝超过1000万，影响范围丝毫不亚于一个市级的电视台。这条求助微博一经发布瞬间引爆网络，留几手的微博同时刷新了评论、跟帖记录，各路媒体也开始“凑热闹”，纷纷对此事进行“报道”，一条微博引发的“巧遇”事件就这样引爆全网。

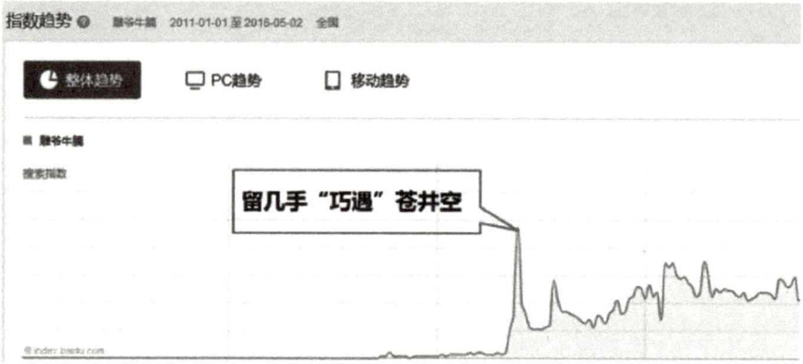

众所周知，苍井空一直被视为很多男性网友的“偶像”，在国内非常受关注，新闻曝光率直逼国内一线明星。当一个坐拥千万粉丝的微博“大 V”在雕爷牛腩餐厅巧遇这么一位颇具争议性的“女明星”时，可想而知其传播的爆炸性。通过百度指数，我们也发现，这段时间内，留几手“巧遇”苍井空和雕爷牛腩的百度搜索指数暴涨 10 倍以上。

此次事件充分印证了雕爷一直对外宣传的一句话“很多明星都去！”要不然 *@留几手*也不可能巧遇苍井空老师啊！于是，雕爷牛腩的品牌格调不自觉地又提高了几个档位。此次事件之后，很多慕名前去的顾客也会如 *@留几手*一样憧憬着，说不定哪天能与某个明星来一场巧遇。

【总结】

“事件”是一个相对比较宽泛的概念，不同的人可能会有不同的理解，例如本书描述的“造话题”“发布会”“秀公益”等，在某种层面上都算是“事件”的一种表现形式，但鉴于每种公关方式的侧重点不一样，笔者特意将其分开，并单独对“策事件”进行描述，其目的是让大家对“策事件”的系统性和持续性有更加全面的理解。“策事件”可以说是所有公关方式中最复杂、最系统的一门学问，要“策”好事件，除掌握各种“小技巧”外，必须明确以下几个重点。

1．“策事件”的 4 个关键点

（1）传播点

所策划好的事件里必须具备一到多个能够吸引人们关注 / 评论 / 转发的传播点，

例如有广泛认知度的明星、名人，具有普遍关注度的新闻，人们喜闻乐见的趣事、奇闻异事等。

（2）事件场景

事件的发生场景非常重要，它通常是事件与植入品牌相关联的重要节点，一方面它能让事件的呈现更加逼真，另一方面将事件置于一个更有利于受众接触的环境中，便于其后续的传播与升温。例如*@留几手*巧遇苍井空事件，植入的事件场景就是“雕爷牛腩餐厅”，场景非常逼真，植入也很巧妙。

（3）传播渠道

事件能不能被引爆，传播渠道是关键。微博、微信、新闻媒体、论坛……网络中有很多途径可以传播信息，但并不是每一个渠道都适合引爆事件，往往关键渠道的曝光是事件引爆最大化的关键。在雕爷牛腩“巧遇”事件里，留几手的微博就是本次事件传播的关键渠道，其后才是广大网民的微博、新闻媒体、各类论坛等渠道的辅助传播。

（4）舆论导向

事件营销是一把双刃剑，它既可以短频快的方式为企业带来巨大的关注度，也可能因为舆论导向把控不到位，起到相反的作用，给企业带来负面影响。所以必须 24 小时监控炒作的舆论导向，一旦出现不良的舆论风向，需及时将舆论引向对品牌或产品有利的方向。

2．“策事件”应注意的 5 点

（1）切莫喧宾夺主

在大多数的事件营销里，营销主体只是作为配角、背景，甚至以“路人甲”的形式存在，而如果在事件中太过于强调品牌和产品本身，则有可能失去事件本身的趣味性，让受众产生一定的抵触心理。

（2）切忌盲目跟风

成功的事件营销要依赖于企业的文化底蕴，不能盲目跟风。雕爷牛腩以*@留*

*几手*的微博为阵地，以苍井空为主角玩了一把事件营销，这个与雕爷牛腩“轻奢主题”非常匹配。但同样的事件，如果搬到一家以温情家庭聚会为主题的餐厅就不一定合适。所以，在事件策划中，要对餐厅的品牌文化和消费人群定位进行研究，有针对性地策划与餐厅品牌定位相吻合的事件。

（3）与企业形象保持一致

一些大企业由于各方面资源的匹配相对成熟，且品牌本身具有一定的行业关注度，制造一个事件成为新闻较为简单，因此他们在进行事件策划时，往往会忽略事件是否符合企业的形象定位，单纯为了造新闻而造新闻，这样即浪费资源精力，对品牌形象也可能是一种损害。

（4）控制好风险

“舆论导向”对事件炒作十分重要，对于炒作风险极大的项目，必须做好风险评估，并根据风险等级建立相应的防范机制。事件营销展开后，需要依据实际情况，不断调整和修正原有的事件炒作方案和对应的风险评估体系，一旦出现负面舆情及时采取措施化解风险，直到整个事件结束。

（5）勿触碰法律“红线”

新闻有新闻的标准和要求，广告也有广告的底线，餐企在进行事件营销时，无论如何策划，一定不能触碰相关法律法规的“红线”，相关新闻内容必须符合相关的新闻法规，切忌虚假宣传、夸大其词等不计后果的事件炒作。

提示：餐饮公关策划的 7 项注意

通过本篇对餐饮品牌公关“十二部曲”的阐述，相信餐饮人对品牌公关的本质和工具会有一个系统全面的了解。其本质是如何巧妙“取势”为餐饮品牌增加正面势能，并有效配合上篇“制危有术”中的危机公关“九阴真经”，有效减少或削除餐企发展过程中的“负能量”，不断为塑造一个有价值、有文化的正面品牌形象而持续蓄能。

餐饮公关策划是一门综合且系统的应用学科，涉及品牌、营销、广告、传播学、心理学、管理学等多个学科，对从业者素质要求非常高。所以，餐饮公关策划人员不仅要懂得各类公关策划的方法，还要对公关策划背后的逻辑有深入的研究，并能根据餐企需求与活动规模灵活运用。

通过本书描述的各种公关案例，笔者总结出了餐饮公关策划的 7 项注意。

1．公关目标一定得量化

公关活动尤其是大型公益事件类活动往往会耗费大量的“人财物”资源，例如，一场稍有规模的发布会的传播费用动辄几十万元；一场大型的事件类公关活动费用甚至超过百万元。那么，餐企为什么要进行这样大的公关投入？是为了品牌的传播需要，还是为了建立品牌的知名度、认知度、美誉度，抑或是为了吸引更多目标消费者去餐厅用餐，这就是餐饮公关活动的目标。

没有目标的公关活动是不可取的，目标不明确也会让传播缺乏焦点。很多餐厅看到同行在做各类公关活动，马上就开始跟风，而且要求规模更大、规格更高、传播声势更大，但却说不清楚为什么要做，对于要传播什么样的卖点和概念，也完全没有明确的目标界定。

同样，也有餐企在策划公关活动前，设定了不少目标，比如，提高知名度、美誉度、营业额等，但缺乏可量化的指标，方向模糊，错把目的当目标，这些都会让公关活动效果事倍功半。因此，只有在可量化目标的指导下，公关活动策划与实施才能够方向明确，少走弯路。

2．目标受众要明确

餐厅进行公关策划一定得明确目标受众，因为只有明确目标受众，才能准确地把握受众特点，寻求最适合受众习惯的传播途径来开展公关活动，实现效果的最大化。

很显然，在互联网传播环境下，餐企在开展公共关系活动时，很难精准地只针对某一类人群，往往也不只是针对一个现场或地域的公众，可能是广阔区域。因此，为了传播的精准性，一定要先明确目标受众，策划能吸引目标用户参与的活动。

例如，餐厅在策划“放诱饵”活动时，面向的目标受众多数是顾客，所以应更多以“利益承诺”的方式迎合顾客爱占便宜的心理；在策划“秀公益”活动时，首先面向的目标受众多数是媒体或相关行业人士，所以应制造更多具有新闻价值的话题来吸引行业媒体关注，进而影响到消费者。

3．必须进行公关调研和分析

没有调查就没有发言权，在制订公关策略之前必须进行系统的公关调研和分析。只有摸清餐企自身的优劣势，洞悉公众心理与需求，掌握竞争对手的市场动态，进行综合分析与预测，才能扬长避短，赢得公关活动的成功。

公关实践表明，公关活动的可行性、经费预算、公众分布、场地交通情况、相关政策法规等都应进行详细调研，并进行比较分析，最后作出客观决策。这样活动成功率会比缺少调研环节而作出的公关决策要高。

例如，在本书“造话题”中描述的“开奔驰送外卖”案例中，黄太吉于2013年用过的公关创意点，在2015年的10月，被另一位老板几乎“照搬”，关注度明显下降，品牌的宣传效果也大打折扣，这很显然是缺乏公关调研和分析的结果。

4．制订周密的公关执行计划

在明确公关策划的目标及目标受众，并经过系统的公关调研和分析后，下一步的关键动作便是制订周密的公关执行计划。通常一个完整的公关执行计划会涵盖以下几个关键内容。

（1）公关策略

公关策略即公关活动的整体思路与关键点，包括公关创意的主题、传播策略、活动基本原则等，它是整个公关活动的指导思想和纲领。

（2）传播规划

公关活动有相当一部分内容体现在传播规划上，在公关活动的前、中、后期分别应当以怎样的传播主题进行传播，传播的受众是大众、媒体还是餐饮行业，频次控制在多少合理等，都要根据整体需求来规划。

（3）媒体计划

即有计划地安排到场媒体、新闻稿及专访活动，尤其是对媒体版面、时间段、频道、重复率等，均要做出细致的计划，对企业领导、发言人等的活动安排要给予特别的筹划，从而能够有效实现与目标公众的双向沟通，并与媒体缔结良好的合作关系。

（4）人员组织

公关活动是一个系统的工程，需要餐企各部门有效协调、分工，需要外部公关团队介入，需要制订更加明细的分工计划，所有项目要明确到负责人、工作内容、KPI 等，保证公关活动能按照计划分步骤有序进行。

（5）费用预算

将公关活动可能涉及的所有费用以明细表格的形式列出，同时进行适当分类，既是之后公共关系活动的实施参考，又可使餐企对策划活动的开支总额有一个基本的把控。

5. 集中传播一个核心卖点

公关活动是展示餐企品牌形象的平台，而不是一般的促销活动，应首先明确一个活动的核心卖点，并以此卖点作为整个公关活动传播的主线。很多公关活动，花了不少冤枉钱，结果参与者都不知是什么活动，原因只有一个，就是缺乏鲜明的卖点。这里的卖点指的是公关活动环节设计中最精彩、最具特色的地方，即便事隔多年，活动本身大多被人淡忘，但这些精彩环节却能让人们记忆深刻。

餐企公关活动策划首先需要创意出这样一个“卖点”，并将这个卖点设计得具有唯一性、相关性、易于传播性，例如西贝的“亲嘴打折节”，自始至终都在传播其活动主题“接吻打折”的亮点。当然，集中传播一个卖点，并不是只传播一条信息，而是把活动目标和目标受众两项因素结合起来，重点突出一个卖点，形成一个传播的聚焦点，从而让用户产生难以忘却的记忆。

6. 要有一套公关预警方案

公关活动执行过程中存在诸多不确定性因素，尤其是公关传播过程中的舆论导向存在不确定性。例如发布会上原定嘉宾临时有事来不了，该怎么处理？某项活动因不可抗因素而停止，该怎样向用户解释？整个公关传播过程中舆论没有按照预设的方向发展，甚至出现了一些负面信息，该怎么处理？公关活动执行过程中，实际效果跟预设效果相差太远，该不该调整方案等，都需要餐企在进行公关策划的时候提前做好预警方案，从而保证公关目标的有效达成。

7. 餐饮公关重在持续

餐企品牌公关不是一蹴而就的短暂行为，不应是凭兴而起，老板想起来了就重点抓一下，没想起来就搁置一边，应是一个持续有计划的营销体系。

对此，餐企有必要建立一套完整的公关体系，制订年度的公关传播计划。在常规时间段里，需要用什么公关策略，对餐企形象和品牌进行怎样的推广活动；在非常规时段（类似节假日），又要进行怎样的公关活动。只有建立起一套整体的机制，才不会因公关人员受到太多临时因素的干扰而导致公关行为的终止。按步骤、有计划性地进行持续的公关活动和传播，更有利于品牌意识深植于消费者心中。

下 篇

善假于物：餐饮公关力“三项修炼”

《荀子·劝学》曰：君子生非异也，善假于物也。君子的资质秉性并没有跟一般人有什么不同，只是他们更善于借助外物罢了。

餐厅的品牌公关也是同样的道理，善于品牌公关的餐饮人跟一般餐饮人也没什么不同，只是他们能熟练掌握各类公关“神器”而已。这些“神器”也就是所谓的工具和技巧，它能助力餐饮人在品牌公关过程中更加有效地进行品牌传播、舆情监测，并根据执行效果及时调整公关策略和执行方案，实现公关效果最大化。

餐饮公关力“三项修炼”分别指“笔功”修炼、“眼力”修炼和“搜技”修炼。“笔功”修炼是指软文营销，它是餐企展开品牌公关传播的基础手段，没有哪一起品牌公关案例能少得了软文这一角色；“眼力”修炼是指舆情监测，它是品牌公关的“雷达”，时刻监测餐饮品牌公关的实际情况；“搜技”修炼是指搜索引擎优化，它是餐企品牌公关的重要手段。

只有全面掌握这 3 大工具，并不断提高自身的基本修养，才能有效实施上、中篇提及的相关公关传播策略，实现餐厅品牌形象危机的大扭转。

第一项修炼
——“笔功”修炼之软文营销

【解读】

软文营销，从字面上理解就是企业借助软文进行品牌推广的一种营销方式，这里有两个概念，一个是软文，一个是软文营销。

所谓软文，就是在各类报纸、杂志、网络媒体及各类新媒体（包括企业自身微信、微博自媒体）上看到的各种植入品牌软性广告的文字，通俗点讲就是“文章”，它本质是“广告”。例如，某餐厅即将举办开业庆典，活动当天请到了某晚报的记者来到现场，同时自己公关部门撰写了一篇新闻通稿，活动结束后人们就在各大网络媒体和报纸上看到了餐厅的相关新闻，这“新闻稿”就是比较常见的一种“软文”体裁。

而软文营销，是一个系统的品牌公关工程，软文充当其核心手段，它覆盖品牌公关过程中的调研、策划、创意、传播、执行优化调整等全过程。每个环节相互关联，且都至关重要，从一篇文章的构思切入点，到标题、内容逻辑结构等，都会影响到整个品牌公关的效果。

那么，餐企如何掌握软文营销的精髓？作为餐饮公关从业者，如何创作出一篇有吸引力、创造力、亲和力的软文？我们通过案例一起来探讨。

【案例】

西少爷千万传播量级的软文究竟长什么样

2014 年 4 月 8 日，西少爷肉夹馍第一家店“五道口店”正式开业，在开业的前 2 天，也就是 4 月 6 号，其微信公众号上发布了一篇题为“我为什么要辞职去卖肉夹馍”的文章。在微信公众号只有 51 个关注用户的基础上，仅仅通过朋友圈传播，该文章两天内的转发量超过 20 万，加上其他媒体的转载，30 天之内传播量超过千万，瞬间将西少爷这个单店品牌拉到了一个极高的层面。

2016 年 10 月 30 日，在餐饮业新媒体“餐饮界”主办的“餐创新未来——餐饮界创新创业高峰论坛”上，西少爷联合创始人袁泽陆首次分享了团队打造千万级传播量软文背后的过程。这篇软文究竟长什么样？这篇软文对西少爷肉夹馍产生多大的价值？我们先从原文开始探索。

我为什么要辞职去卖肉夹馍

“行人车辆请注意，火车就要开过来了，请在拦门外等候，不要抢行，不要钻栏杆……”

伴随着最后一班火车的通过，我站在五道口刚刚装修好的西少爷肉夹馍店外，看着夜色下来来往往的人群，我想起自己 IT 北漂这三年没日没夜的加班，想起每天和 100 万人挤 13 号线的毫无存在感，想起五道口成为宇宙中心那天我却为了省钱被迫搬到昌平租房的酸楚。我想，那些都是我逝去的青春……

三年前，我和很多人一样，从西安交大毕业后顺利进入了让人羡慕的互联网巨头（还是不点公司名字了，我只能说公司大到人人皆知），正式开始了我的北漂生活，成为一个拿着高薪的码农，在上地科技园这片充满希望的田野上，挥洒着我的青春热血。那时候父母总以我为骄傲，“北京”“高薪”“大公司”这些标签成为他们在家乡朋友圈的谈资，每次电话里都要叮嘱我好好为老板打工，为公司服务。

两年前，我俨然成了半个北京人，说话逐渐习惯带着儿化音儿，虽然工资涨幅不大，但是偶尔还能和女朋友出去吃火锅、看电影、喝咖啡，都市的精彩在我老家是很难拥有的，这也让我越来越觉得离不开“帝都”，开始有了扎根“帝都”的冲动。我开始憧憬在“帝都”的未来，想必在不久的将来，我就能升职加薪，当上总经理，出任 CEO，迎娶白富美，走上人生巅峰……

一年前，华清嘉园的学区房涨到了 10 万元每平方米，五道口从此成了宇宙中心，而我不屑一顾地认为，除非我脑残，否则傻子才会去买这种房子，我还清楚地记得那天回家跟女朋友聊起这个话题时，我说：“五道口一平方米的房价我俩能游遍全中国，两平方米房价能玩转欧洲，用不了一个厕所的钱就能环游世界了”，说完后我俩放声大笑。

半年后，女朋友却跟我提出了分手，因为我在北京没有房，给不了她安全感。那天是平安夜，我一个人走在冷冷的街上，放声痛哭，那一夜，我被这荒诞的现实击垮了。

身处宇宙中心，我却发现自己其实是这座城市的边缘，每天都伴随着枯燥的 Java、MySQL、C++、Python 加班到深夜，面对现实沉重的压力，我开始怀疑自己的价值，我北漂到底是为了什么？我真的要当一辈子的码农吗？我写了上百万行的代码为什么一点成就感都没有？

偶然的机会，在朋友推荐下我看了《寿司之神》这部电影，年逾 86 岁的小野二郎终其一生都在握寿司，成为全球最年长的三星级大厨，“米其林指南”更是对其赞不绝口，享誉全球。一个小小的寿司，能值得一个男人用其一生去追求极致，我深深地被他背后的付出和决不妥协的信念所触动，这不就是我想要的生活状态嘛！亲手做出世界上最好吃的肉夹馍是我从小的梦想，作为一名陕西吃货，我想创造属于自己的餐饮品牌！

我终于决定辞去这份让人羡慕的工作，回到陕西老家开始拜师学手艺，从零开始学做最正宗的陕西肉夹馍！因为热爱，一个多月我就出师了，但问题也接踵而来——要想在北京开店卖肉夹馍，就必须要放弃传统炉火烤制的方法，因为很多地方是不让起明火的，而且炉火烤制容易烤焦，也不够健康环保，如果直接换成电烤箱，又容易失去馍的酥脆口感。

经过半年的研发，用掉 5 000 斤面粉和 2 000 斤肉料，我们终于研制出西少爷特有的配方和流程，利用电烤箱即可完全还原出肉夹馍的香酥口感！我享受着每一份肉夹馍带给我的实实在在成就感！

今天，我将要带着“西少爷肉夹馍”重返五道口，这一次，我要重新定义宇宙中心！

装修这半个多月，每天都在店里忙活到凌晨两三点才能回去休息，以前加班到 10 点我就抱怨连连了，如今给自己打工到深夜简直是家常便饭，天下真没有躺

着就能把钱赚了的好事儿啊！

希望好事多磨，一切的努力都没有白费

期待 4 月 8 号开业那天

为这一天，我们已经等待了 192 天了

五道口，晚安！

读完这篇朴实的文章，我们不难感受到一个 IT 科技男辞掉优越工作投身到餐饮创业的决心，也不难体会到一个心怀梦想、有情怀的小伙子的真实，更会情不自禁地为他走遍陕西求师，耗时半年用掉 5000 斤面粉和 2000 斤肉料追求产品标准化的极致认真而感动。所以，面对这样一篇“走心”的软文，周边朋友几乎 100% 成为他们品牌的第一批忠实转发者，这也为后续爆发式传播奠定了基础。

可以说，西少爷第一家店的排队盛况，很大程度与这篇软文有关，因为刷爆朋友圈，餐集在五道口“宇宙中心”的很多 IT 圈内人都冲着这帮年轻人的“馍馍梦”成为第一批的“好奇”体验客户。紧接着，各类媒体也纷纷对“IT 男辞职卖肉夹馍 100 多天卖 22 万个”的创业故事进行报道，这让西少爷几乎不花一分钱，仅仅凭借一篇软文火遍整个餐饮界。

通过案例，我们不难总结西少爷这篇软文的成功之处。

1．一个诱人的标题

标题的诱惑指数直接决定软文的传播寿命，很显然“我为什么要辞职去卖肉夹馍”是一个极具杀伤力的标题，能引发读者的点击欲望。

2．一个代入感很强的切入点

文章开头直接以“火车到站提示音”切入，并勾起自己北漂 3 年的奋斗场景，几乎瞬间勾起五道口周边“IT 民工”们的记忆，而这些人也是自己精准的目标受众，事实也证明，这个切入点非常高明。

3．一个快速传播的载体

这篇文章先从微信上引爆，很大程度得益于微信的强关系型社交属性和庞大的用户群，这种熟人间的信息传播更具可信度，这让软文的传播寿命更长。

同时，我们也不难发现软文营销对于餐饮品牌公关至少有以下几大价值。

1．提升品牌知名度

通过软性宣传，以润物细无声的方式进行品牌传播，消费者更容易接受品牌，媒体更愿意主动传播，从而最大限度地提升餐厅的品牌知名度。

2．引导餐厅消费

软文力求以各种形式“伪装”，对消费者进行有针对性的心理引导，从而更容易让用户对餐厅产生好感，这种引导成功促使了“西少爷”门前排长队的景象出现。

3．低成本营销

很显然，像西少爷这类软文几乎是零成本，被各大网络媒体转载后其热度会留存很长时间，后续有用户想了解品牌的时候，通过搜索引擎还能立刻找到各类媒体的报道。这相比于在报纸、电视台等平台投放的一次性广告，软文的成本不仅低廉，且续存时间更持久。

餐企开展软文营销前的 3 项准备

诚然，软文营销对于餐企已非常重要，无论是运用餐企自身的官网、微信、微博等自媒体，还是借助其他各类媒体进行公关传播，软文都是必不可少的工具，那么餐企究竟该如何开展软文营销？

通常，餐企在开展软文营销前，需从 3 个方面进行调研分析，分析出餐企的核心优势、目标受众的特性及适合投放的载体，最终订定出具有针对性的软文营销策略。

第一项准备：全面了解企业状况

餐企通过自我诊断及对细分行业发展动态的分析，全面掌握自身实际运营情况，包括自身品牌营销的状况，从而快速提炼品牌 / 产品的差异化特点和核心优势，为后续软文传播切入点的选取提供参考。

通常，餐企自我软文诊断有一套非常实用的工具，这里将其总结为“CPCNT软文诊断体系”。

C（CUITURE）：企业文化的英文首字母简写，梳理餐企内部有特色的企业文化，包括企业价值观、愿景使命及卓有成效的经营管理方法等，从而对餐企有个深入立体的了解。

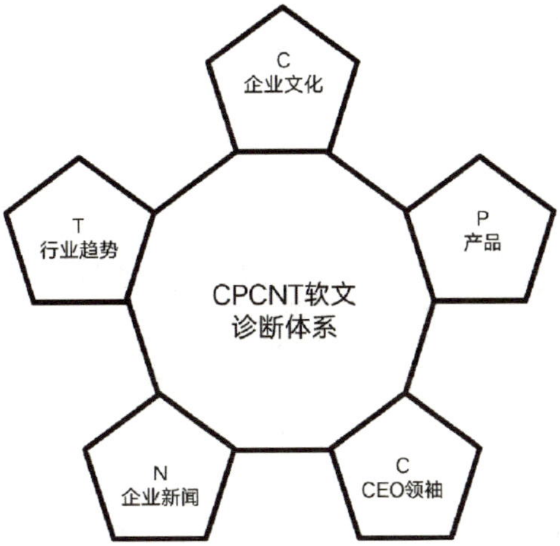

P（PRODUCT）：找出餐厅最具魅力的菜式和服务，包括餐厅的招牌菜、最具颜值的菜式、最有故事的菜式，以及与竞争对手形成明显差异的服务等，作为后续软文包装的重中之重。

C（CEO）：企业的 CEO 就是品牌的隐性代言人，无论是创始人还是外聘的 CEO，都应当对其做一个系统的梳理，从其创业经历、个人言论、人生格言、行业地位等多维度进行分析，挖掘 CEO 身上具有软文传播潜力的闪光点。

N（NEWS）：餐企每天都在进行产品的烹制和服务，每个月 / 季度都会有一些新品推出；逢节日或重要时间点，餐厅也会进行各类促销或者市场活动；年终还会积极参与各类行业协会的奖项评选，这些都是餐企的新闻，这些动态将是活生生的软文营销素材。

T（TREND）：餐饮行业最近是否有发生什么大事，行业目前发展呈现怎样的发展趋势，自家餐饮品牌在行业处于一个怎样的位置，行业中做得比较好的餐饮品牌有哪些，未来几年餐厅将实现怎样一个目标等，都是后续制定软文营销策略的依据。

第二项准备：全面研究目标消费者

通过对目标受众的研究，先锁定餐厅的核心消费人群，然后全面研究这群人的关注点、兴趣点、行为习惯及消费心理，形成一个消费者人物画像，并以此为后续的软文撰写、媒体投放选择提供依据。

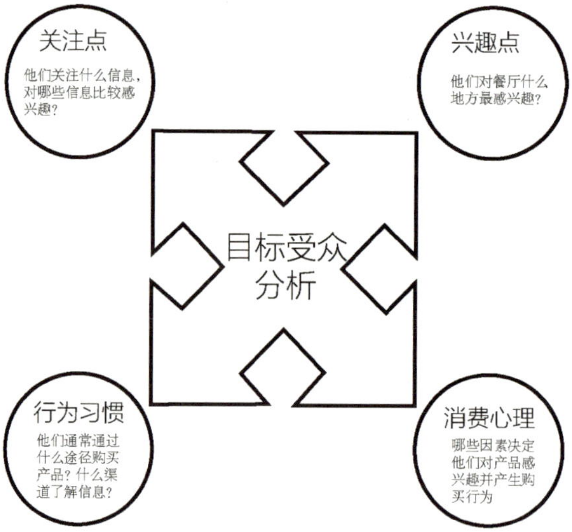

（1）关注点

目标消费者平时都关注些什么信息，对哪些信息会比较“感冒”，是娱乐八卦还是财经房产等。

（2）兴趣点

目标消费者平时的兴趣爱好是什么，餐厅的哪些东西能勾起他们的兴趣。

（3）行为习惯

目标消费者平时都是通过什么渠道了解并选择餐厅，通常选择怎样的出行方式，会与哪一类人用餐等。

（4）消费心理

哪些关键因素能决定他们对餐厅的选择，又有哪些因素能让他们对餐厅 / 产品产生好感，并产生购买行为。是什么能让他们再次选择来餐厅就餐。

第三项准备：了解发布的载体

软文能否到达目标受众取决于投放什么载体，而每个发布的载体属性又各不相同，他们的用户人群也各异。例如，报纸与杂志的阅读人群肯定存在差异，传统电视媒体与互联网新媒体的用户人群也大不一样。因此，要让软文传播的效果最大化，必须清楚了解发布载体的情况，并根据载体类型来选择软文的风格。

软文发布的载体呈现多样化特点，但总结下来主要分为两类。

1．平面媒体

主要包括报纸、杂志、书籍、DM（直邮广告）刊物等传统的纸质媒体，这类媒体的内容通常以“深度”见长，因此，行业分析、深度报道等软文类型更适合。

2．网络载体

主要包括网络门户媒体、微博、微信、论坛、知乎、贴吧等网络类载体，这类载体因自身属性及用户人群的差异，决定了软文在不同载体上的风格也应有所不同。例如，同一个餐厅的软文，在网络新闻门户上发布，标题和内容的撰写风格应当更加严肃、客观；若在微信、论坛、知乎、贴吧上发布，软文内容更应以轻松、活泼、口语化的方式呈现，这样会比客观的新闻公关类稿件更能引起用户互动。因此，我们回过头来看西少爷题为“我为什么要辞职去卖肉夹馍”的微信软文，更像是一篇陈述自己心路历程的创业故事。

在本书中，笔者在陈述软文营销过程中所关注的软文发布载体更多倾向于“网络载体”，因为网络是目前餐企进行软文营销常用且比较重要的发布载体。而网络载体又分为以下几个类型。

1. 新闻类媒体

主要指以提供新闻信息服务为主的网站，类似新浪网、腾讯网、搜狐网、凤凰网、人民网、深圳新闻网等。通常新闻类媒体又分为3类：

（1）综合性网络新闻媒体：如新浪、腾讯、凤凰网等面向全国的媒体。

（2）地方资讯媒体：如深圳新闻网、深圳之窗等地方媒体。

（3）行业类媒体：如餐饮界、职业餐饮网等餐饮行业媒体。

2. 主流自媒体

主要指拥有庞大用户群的新媒体平台，类似微博、微信、今日头条等包含机构、个人、企业等内容发布主体的主流自媒体平台。其中，微博是偏开放型的互动媒体，微信属于强关系型的新媒体，今日头条是偏聚合类综合新媒体。

3. 论坛

主要指百度贴吧、天涯论坛、猫扑等论坛。

4. 问答类平台

主要指百度问答、知乎悟空问答等所有问答类平台。

在以上4类网络载体中，软文营销的主要战场在新闻类媒体和主流自媒体，论坛和问答类平台因用户量和活跃度相对偏低，仅作为辅助的软文发布载体。每个载体的用户人群各有不同，餐企在进行软文营销过程中，应当充分考虑受众的属性，合理选择软文切入点和撰写风格等。

餐企软文营销的3大攻略

当餐企从以上3个维度对自身和行业做了全面的调研分析后，下一步便是制定一套合理的软文营销策略，包括营销目标、软文传播方向、软文撰写风格与角度、投放载体等多个环节，其中软文撰写环节是关键中的关键。

那么，如何评价一篇软文的好坏？笔者结合多年的软文营销经验，总结出一套合理的“软文金三角”评价体系，如下图所示。

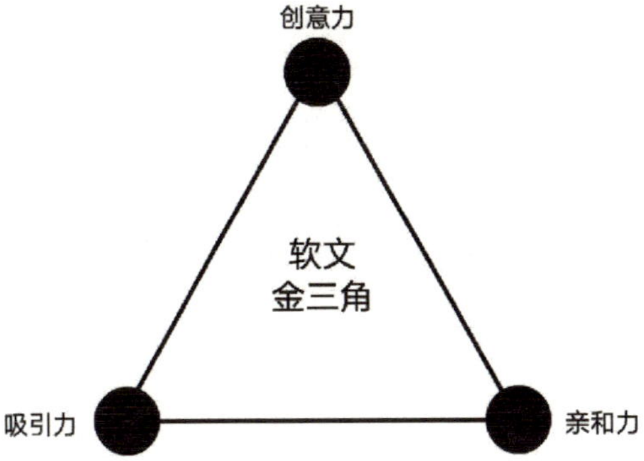

（1）创意力

指软文的构思，通俗点讲就是软文的切入点和整体思路，这是决定一篇软文成功与否的关键，选择了一个好的切入点，软文营销就等于成功了一半。

（2）吸引力

指软文的标题，这是软文的“面子工程”，直接决定用户有没有兴趣阅读文章，其重要性不言而喻，标题有没有吸引力直接决定一篇软文的传播系数。

（3）亲和力

指软文逻辑结构的亲和力，这直接影响一篇软文是否符合目标受众的口味，能否让他们愿意用心读下去。哪些信息应当放在前面，以怎样的逻辑结构来安排文章内容，用怎样的口吻和措辞风格，这些对软文的成败至关重要。选择怎样的逻辑结构对文章内容进行撰写，往往决定品牌露出的概率和深度，亲和力越强，品牌露出的机会越大，传播的深度越深。

以上“三力”构成一篇软文的核心部分，三者密切关联，任何一方面的缺陷，都将影响软文营销的效果。

对于如何提升软文的“三力”，笔者总结出餐饮软文营销 3 大攻略，并结合案例系统指导大家如何打赢一场有质量的“软文公关战”。

攻略一：如何构思一篇有创意力的软文

很多人认为写软文的第一步是先想好一个“标题”，其实不然，软文的构思应在标题撰写之前。没有任何构思做基础的标题，很难成为一个好标题，因为写作过程中若缺乏构思的指导，软文很有可能被写成一篇没有核心思想的文章，标题最终也有可能要重新调整。

对于，如何构思一篇有创意力的软文，笔者总结出常用的10大软文构思方法。

1．借热式

扫码看软文案例

借助现有社会热点新闻事件 / 话题，找到软文诉求与热点的契合点，以此为噱头吸引用户眼球，触发用户阅读兴趣，在合理的逻辑中，将产品 / 企业所要宣传的点植入到文章中。

例如，“无需三生三世，在最美的景轩火锅，遇见了最美的爱情”“用‘人民的名义’请你吃绝对牛火锅”等软文，都是借助当下最受欢迎的热门影视剧为切入点，并在文中巧妙植入餐饮品牌信息。

当然，借热式软文构思需慎用，必须充分考虑产品与热点的关联性和切合度，不能牵强附会，否则将适得其反，让用户反感。

2．名人式

扫码看软文案例

以当下有影响力、知名度的人，如明星、政要、企业家、作家等为切入点，将他们的观点、行为、兴趣爱好等合理植入餐厅品牌或者菜品。

例如，“给成龙修复古宅的人，把重庆一家火锅馆打造得古香古色”“总理点赞的3W咖啡：做科技版的星巴克”等软文，他们几乎都是从名人切入，借助名人的IP拔高餐饮品牌的势能。

就像本书中篇里描述的“傍大咖”一样，这些所谓的名人也不一定非得“货真价实”，有时候“山寨版”名人也可以巧妙借用。

3 . 悬念式

顾名思义，就是抛出一个具有悬念的话题，引发读者思考并心生好奇，进而让用户为了寻找答案而看完整篇软文。这又被称为“设问式构思”，其核心是先提出一个问题，然后围绕这个问题逐步深入剖析。

扫码看软文案例

例如，“1 个月火爆整个重庆，这家重庆火锅店到底做了啥？”“年开店 125 家，在欧洲 3 国开店，Kao 铺究竟牛在哪里？”等，通过设问引起话题和关注是其核心特征。但是必须掌握火候，提出的问题要有吸引力，答案要符合常识，不能作茧自缚漏洞百出。

4 . 故事式

通过讲述一段经历或者一个完整的故事带出餐厅品牌或者产品，使其具备一定的“神秘性”和“情怀”，并给消费者心理造成强暗示，进而促进消费。

扫码看软文案例

例如，“我为什么要辞职去卖肉夹馍”“我硕士毕业为什么要卖米粉”等故事性的软文，讲故事不是目的，故事背后的品牌 / 产品线索是文章的关键。听故事是人类最古老的知识接受方式，因为故事富有知识性、趣味性、且充满情感，更容易让消费者接受，这也是很多经典软文往往都采用故事的原因所在。

5 . 采访式

通过记者采访的形式，将企业、品牌、产品、发展战略等信息从第三方媒体角度进行报道，通常被采访对象是品牌创始人或高管，以此提高被采访人的曝光度，以及社会对企业品牌的客观认可和美誉度。

扫码看软文案例

例如，“蛙来哒创始人访谈——探寻万变不离其宗又始终前卫的品牌灵魂”“誓做良心餐饮人——餐饮界专访景轩火锅创始人”都是专访类构思，它要么模拟新闻采访对话的形式，要么以第三方转述的角度进行撰写。由于这类软文更加贴近新闻，因此必须非常注重报道的“客观性”和“真实性”，切忌广告味太浓，多用中立、先抑后扬等手法。

6．恐吓式

扫码看软文案例

这类软文构思属于反情感式诉求，先通过情感诉说美好，然后笔锋一转直击消费者软肋。例如，“警惕！别让孩子健康遭受污水威胁”“那些被玩坏的主题餐厅究竟是怎么死的”等软文都是属于恐吓式构思，但却能瞬间击中用户痛点，引起共鸣。

恐吓式软文容易让人记忆深刻，但也往往会遭人诟病，所以一定要把握好度，不要过火，不然一不小心就把消费者吓跑了。

7．观点式

扫码看软文案例

观点式软文构思实际上就是发挥企业领袖或者新闻代言人的官方效应，通过陈述某些观点，发表某些评论，引起媒体、消费者广泛关注，并以此提高个人在行业中的影响力和地位。

例如，“小南国董事长王慧敏：口味是竞争力，敢给股权敢放权”“餐饮‘老炮儿’吴国平：匠心到底是颗什么心”等观点式构思，都是基于餐饮老板在创业、经营管理上的个人观点来撰写的软文。它一方面属于企业 CEO 营销的范畴，对企业领袖起到一定宣传作用，另一方面也是品牌传播的利器，但一定要注意观点的前后一致性和权威性。

8．诱惑式

以给用户利益承诺为特征的软文构思统称为“诱惑式”构思，常用的“促销折扣”“霸王餐”等软文，因为抓住了用户喜欢占便宜的心理，通常能促使访问者主动点击。

扫码看软文案例

例如，“200 斤龙虾！百人团豪吃霸王餐”“麦当劳将售马里奥套餐，赠送马里奥创意玩具”等软文，基本上都是以免费、赠品等实实在在的诱惑吸引感兴趣的朋友点击，甚至参与活动。

9．新闻式

所谓新闻式构思，就是以新闻事件的手法来写，让读者以为事件仿佛是昨天刚刚发生的，具有较强的新闻价值。这类软文通常会伪装成新闻媒体的“新闻稿”，在所有软文构思中属于传播力，生命力相对较长的一类。

扫码看软文案例

例如，“伏牛堂董事长张天一当选北京市第十一届青联委员”“2017 深圳百公里惊现一群吃货，口径 30 厘米的大老碗成焦点”等都属于新闻类软文。这类软文一定要结合企业的自身条件，切忌天马行空毫无依据捏造新闻，不然多数会造成负面影响。

10．盘点式

这类软文类似总结，通常会对某一事件、某一年度、某一行业、某一机构等进行特定维度的盘点，将其中具有一定传播价值的亮点进行罗列，吸引某细分领域读者的关注。

扫码看软文案例

例如，“盘点：2017 深圳百公里 8 个感人瞬间”“鹤九：预测 2017 餐饮界 8 大热门关键词”等软文，第一篇借助深圳百公里公益活动盘点，将老碗会品牌的义举进行植入；第二篇笔者通过对餐饮界行业2017年发展的8大预测，将餐饮界新媒体及笔者本人进行了“软”植入。

盘点式软文构思有常用的几个格式，“盘点××”“总结××”“××大亮点”等，这类软文能满足用户倾向于看“结局”的偏好，所以更容易被传播。

攻略二：如何撰写一个有吸引力的标题

“人靠衣装，马靠鞍”，软文的标题就相当于人的衣装，创造一个有吸引力的标题就等于给用户留下了良好的第一印象，然后才有下一步——用户点击软文标题开始阅读。那么，如何撰写一个有吸引力的标题呢？

一、标题常用的10类撰写方法

标题的撰写方法基本与软文构思同步，比如悬念式的构思通常会对应“疑问式”的标题，新闻类的构思应对应新闻特征明显的标题。当然，某些标题的撰写方法也可能在不同的构思中呈现，例如比喻式、拟人式等几乎可以在所有构思类型中呈现。

1. 新闻类

这类标题常见于新闻类软文中，比较客观直接，类似“2017首届餐饮界创新创业高峰论坛在深成功举办”“伏牛堂董事长张天一当选北京市第十一届青联委员”等标题，通常标题直接陈述一个新闻事实。

2. 诱惑类

这类标题通常采用促销叫卖的方法，直接将最具诱惑力的卖点呈现在标题中，如“200斤龙虾！百人团豪吃霸王餐”“麦当劳将售马里奥套餐，赠送马里奥创意玩具”等标题。

3. 疑问类

顾名思义，就是以提出问题的形式来撰写一个标题，通常会用到“如何”“怎样”“为啥”等疑问词，如“1个月火爆整个重庆，这家重庆火锅店到底做了啥？”“年开店125家，在欧洲3国开店，Kao铺究竟牛在哪里？”等标题，都是通过设定一个问题引发用户的兴趣。

4. 恐吓式

标题会有夸大其词的描述出现，如"警惕！别让孩子健康遭受污水威胁""那些被玩坏的主题餐厅究竟是怎么死的"等标题，一看就会让用户联想到类似情况会不会出现在自己身上，于是基于一种恐惧心理点击软文。

5. 名人类

顾名思义，标题会直接出现名人的名字或称谓，如"给成龙修复古宅的人，把重庆一家火锅馆打造得古香古色""总理点赞的 3W 咖啡：做科技版的星巴克"等标题，都是借名人的影响力吸引用户。

6. 比喻类

标题陈述用了比喻修辞，用与甲有相似点的乙来描写或说明甲，如"海底捞都没发现的 7000 亿火锅'新蓝海'，一个 85 后小伙 2 年内做到第一"，标题中用海底捞衬托 85 后小伙创立的"淘汰郎火锅"，同时这个"蓝海"便是对火锅市场形象的比喻。

7. 拟人类

标题陈述用了拟人修辞，将事物人格化，如"从年入 6 亿日元到 6 亿元人民币，男前豆腐如何逆袭为豆腐界的'潮男'"，这个标题就将"男前豆腐"这个品牌描述为"潮男"，同时这也是一个"悬念式"的标题撰写方法。

8. 热点类

标题中带有热点词眼，比如结合热播电视剧《人民的名义》，很多餐饮品牌在做软文宣传的时候，标题都会蹭这个热点，如"××× 以人民的名义请大家吃火锅"等标题，充分借力热点的势能来提升标题的"颜值"。

9. 逆向类

又称为"反话"类，以正话反说的方式形成强烈的落差，如"眉州东坡董事长遭高管集体'炮轰'，万字内部演讲被曝光"，"炮轰"两字以"贬义褒用"的方式勾起了读者对文章的好奇心。

10. 盘点类

即以总结的方式将某个事情做一个全面系统的盘点，如“盘点：2016 餐饮界 10 大重磅事件”“盘点：2017 深圳百公里 8 个感人瞬间”等，在信息碎片化时代，读者对事物的了解更加倾向于这类全面总结类文章。

二、标题创意的 6 大注意点

创意一个好的标题不仅在思路上有以上几种常用的方法，而且在表现形式上有以下 6 点共性。

1. 词汇上

尽量用动态结构，慎用形容词、副词，读起来才能文气贯通，如“80 后‘空少’辞职，欲把普通包子打造成国际‘汉堡’包”标题中的“辞职”“打造”词眼。

2. 语态上

尽可能用主动语态，慎用被动语态，可以使事实表达得更加清楚、直接、有力，如“小明餐厅被 ×× 行业授予 ×× 荣誉”与“小明餐厅摘得 ×× 行业 ×× 荣誉”两个不同语态的表达，给读者的感觉完全不一样。

3. 句式上

尽量用陈述句客观表达，保证理性色彩和客观形象，慎用主观色彩浓郁的字眼。

4. 修辞上

要多用比喻、比拟、夸张等修辞手法，忌用生僻字、人名、地名和专业词汇。

5. 符号上

尽量不用逗号、破折号，这些符号影响阅读时的流畅性和对主题的理解。

6. 字数上

根据人眼的正常视觉范围和阅读习惯，标题的字数最好控制在 15 个以内，但可根据软文的发布载体灵活调整，例如发布在论坛、微信等自媒体平台，根据内容属性和诉求，标题可适当增加字数。

攻略三：如何创作一篇有亲和力的内容

软文亲和力的本质是软文逻辑结构安排，尽量将最重要的信息放在前面，段落过渡自然，文章逻辑安排符合读者阅读习惯，餐饮品牌广告尽量不要生硬地过早植入，在植入方式的选择上要尽量符合用户阅读习惯。

一、软文撰写的 3 大步骤

第一步：精心搭结构

根据读者的阅读习惯，第一段的被阅读概率是最高的，逐段往下，每段的被阅读概率呈递减趋势。

因此，我们在撰写软文时必须注意以下两点：

（1）软文的第一段必须清晰明确地将所有要讲述的事情描述清楚，不能拖泥带水。

（2）越是重要的信息，越是放在文章的最前面。

这就是文章撰写里最常用也是最有效的“软文倒三角”原则，如下图所示。

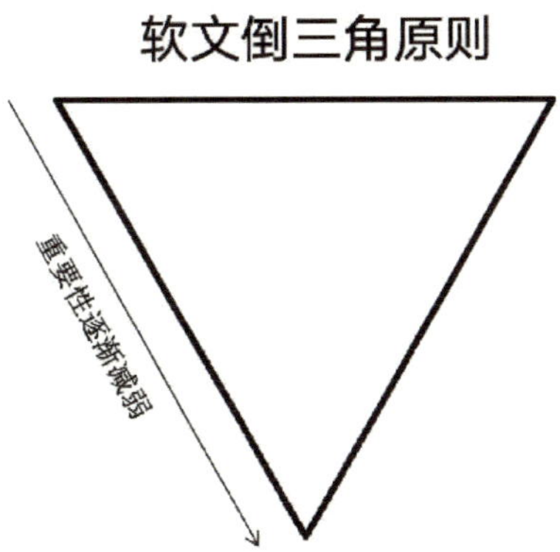

基于这个原则，也衍生出一个最容掌握的“三段论”软文撰写方法。

第一段：以较为简练的语言对事件做概括性的描述，通常只要说清事件的主体、客体、时间、地点，再以一句话简单概括出事件的意义。第一段就是软文的“浓缩”，这种“浓缩”便于媒体记者进行删改，同时也有利于读者的阅读。

第二段：主要对第一段所描述的事件进行进一步展开，包括交代事件发生的背景、事件相关的细节，重点则在于阐述事件作为新闻的“由头”。

第三段：主要是对事件发表“观点”。撰写这一段的要领在于要“发散”开去写，要把这一事件放到大的市场环境、产业背景及企业自身的发展历史中去写，只有这样，才能够在更高、更深的层面上体现事件的价值和意义。

【案例】

中国好餐厅全国总决赛在沪举行　将军牛排喜获冠军

第一部分：提纲挈领，概况描述主题！

2017 第二届“中国好餐厅”全国总决赛于 4 月 26 日在上海梅赛德斯奔驰文化中心盛大举行，史上最强 TOP6 餐厅战队历经 237 天的激烈比拼，4 轮残酷的淘汰，终于走上餐饮“奥斯卡”荣耀舞台。“将军牛排”黑龙江哈尔滨新阳店获得第二届“中国好餐厅”冠军，经过激烈角逐获得餐饮界的至高荣誉“3共4好奖杯”。

第二部分：展开描述，介绍背景和事件详细。

“中国好餐厅” 由中国烹饪协会主办，7 大理事餐饮品牌（外婆家、西贝莜面村、味千拉面、避风塘、一茶一坐、豆捞坊、赤坂亭）以及众强餐饮联盟所组织的众梦文化传播（上海）有限公司发起。2017 第二届“中国好餐厅”大赛共设 4 次预赛，通过“神秘访客”“天使声音”“书面评审”“电话访谈”“舞台展示”等考察项目，各有侧重地激发餐饮伙伴们的潜能。参赛期间，大赛营运中心还策划组织各种学习活动，通过参与专项课程、导师点拨、经验分享等，让餐饮伙伴习得工作方法，提升业务能力。

2017 第二届“中国好餐厅”全国总决赛亮点十足，除了精彩的6 强巅峰对决，更有大咖名人坐镇现场，海量经营秘笈分享，餐饮人同场狂欢等诸多互动、学习、探索活动，现场 6000 席位座无虚席。“中国好餐厅”赛事组再度邀请央视主持人撒贝宁前来主持，著名音乐人张志林带领众人合唱原创的好餐厅主题曲《遇见更好的自己》，他们的出现将现场气氛推向高潮。6 强战队的粉丝团们“排兵布阵”，以集体方阵的形式各显神通，人浪、声浪齐上阵，为台上伙伴加油助威，在观赛台上形成了别样的风采和精彩瞬间。

第三部分：全文总结，拔高意义。

“中国好餐厅”是中国餐饮史上首个跨年度、全行业、门店现场学习型比赛，希望联合所有热爱餐饮业、热爱餐饮工作的餐饮人，通过“共同学习、共同成长、共创美好”的活动精神，实现“员工好—顾客好—社会好—经营好”，让餐饮工作者收获行业自信、尊严及梦想，为餐饮人搭建一个展示风采、发光发热、提升视野、放飞梦想的舞台。

自2016年9月第二届“中国好餐厅”大赛拉开序幕以来，共有175个知名餐饮品牌、718家优秀店铺、20000 名餐饮人参与。本次赛事以“遇见更好的自己”为主题，覆盖全国20个地区。

除“软文倒三角结构”外，当然还有更加复杂的内容结构形式，如“递进式”“并列式”。每种形式都有几个不同类型的逻辑结构，如下图所示。

递进式		按照特定的逻辑步步深入
分类	螺旋型递进	从行业现象到企业战略
		再到企业战略对行业发展的意义
	水波型递进	层层剖析问题得出对企业有利的结论

递进式

并列式		每一部分围绕小标题观点明确
并列式分类	观点并列	不同人物或部门对某事的观点
	特点并列	主要是产品特点
	趋势并列	行业未来发展的走向
	现象并列	不同企业的最新动态
	焦点并列	行业关注的渠道、品牌等

并列式

餐企可根据文章的构思类型选择不同的结构，如果是行业分析型软文，可以选择“递进式”，逐步对行业进行剖析；如果是盘点、观点类软文，可选择“并列式”结构。

第二步：流畅行全文

确定好文章结构之后，马上进入软文撰写工作，这里有2个关键步骤可以参考。

1．把握好语感

不同类型的软文需要搭配不同风格的语言文字，例如新闻类软文稿件的撰写要客观中立，尽量不从主观层面发表观点；故事类软文稿件文字就可以稍微带点感情色彩，情节可以曲折一些，文字描述也可更加形象。但无论是哪类软文稿件，都应当注意语言要凝练，少用过长的句子；注意虚词的使用，词汇尽量丰富；注意人物发言要角色丰富，要符合人物身份等。

2．逻辑很清晰

通常软文逻辑是否清晰，主要表现在以下几个方面：（1）先重要后次要（新闻倒三角）；（2）先整体后局部；（3）先其他人物发言后专家总结；（4）注意内容的承接和不重复。

第三步：反复修改

软文写完后，需反复检查、斟酌并修改，分别从内容和形式上进行优化调整。

1．内容上

（1）检查文章错别字；
（2）检查是否有知识性错误；
（3）提供多版本、多图片的文案给媒体记者非常必要。

2．形式上

（1）文章的页眉或页脚有企业标识；
（2）标题合理、内容详细、格式规范统一；
（3）文件名统一，标明作者、日期等。
通过以上几点，能充分展现一个严谨、专业的餐饮品牌风范。

二、软文创作的3大注意事项

当然，软文撰写过程中也要遵循几条职业“红线”，坚守一个品牌公关人员的职业操守。

1．不与法律相抵触

以不与现行的法律、法规相抵触为前提，以免受到相关执法部门的查处，甚至引起官司缠身。

2．宣传口径一致

统一由企业总部的市场部或企划部统一把关，以免软文发布时宣传口径不一，直接影响效果。

3．不诋毁竞争对手

撰写软文时尽量只说自己的好，不说别人的坏，更不能充当“害群之马”，惹得同行群起而攻之。

第二项修炼
——“眼力”修炼之舆情监测

【解读】

“眼力”是“舆情监测”的形象比喻，它是对互联网上公众的言论和观点进行监控和预测的行为，它是品牌公关的“雷达”，时刻监测餐饮品牌的市场舆论导向。

从专业角度理解，舆情监测是指整合互联网信息采集技术及信息智能处理技术，通过对互联网海量信息自动抓取、自动分类聚类、主题检测、专题聚焦，实现用户的网络舆情监测和新闻专题追踪等信息需求，形成简报、报告、图表等分析结果，为企业全面掌握群众思想动态，做出正确舆论引导，提供分析依据。

目前，舆情监测已呈现“服务化、行业化”的发展趋势，几乎成为每个行业和每个品牌必备的品牌公关工具。作为餐企也一样，要建立一个品牌需要花费很大的工夫，而要毁掉一个品牌可能只需要一次看似微不足道的“危机事件”。

本书上篇“制危有术”中曾描述：“防微杜渐”是危机公关的第一招，也是最有价值的一招，想要及时察觉各种隐藏的危机，做到防微杜渐，需借助“舆情监测”这一技术手段。因此，“眼力”修炼至关重要，它可以说是餐企“制危”的根本。

【案例】

山西五台山“特色菜定价高事件”舆情分析

近几年，景区餐厅被网友爆料价格高事件层出不穷，如青岛天价虾、三亚天价扇贝、哈尔滨天价鱼、桂林天价娃娃鱼事件等。据第三方相关数据统计，一年来被媒体曝光的“天价消费”事件至少发生18起。但很多所谓的“天价”事件并未像网友所爆料的那样真的“天价”，只是因为“舆情监测”不利，使用不合理的危机处理方法，才导致事态的扩大。

一、事件简述

2014年10月2日，有媒体报道称，山西五台山景区特色菜“台蘑炖山鸡”在当地酒店要卖300～400多元不等，引发“定价太高”的质疑。

10月4日，五台山风景区官方微博@五台山发布回应称：“市场经济时代，市场调节。只要是明码标价，你愿意买，他愿意卖，即可成交。”

10月5日，五台山官方某负责人再次微博回应，@五台山发布的回应微博是他误操作发布的，怕影响不好，所以删除了。还表示，他与五台山风景区物价局工作人员经过实地调查发现，“台蘑炖山鸡”价格的确不高，一直都是三四百元，并没有因为黄金周而上涨，因产量低，需求量大，一些野生台蘑市场价已达600元、700元一斤。

10月5日，山西省物价局价格举报中心相关负责人表示，餐饮业的定价已经放开十几年，物价局不再管控，由市场自主定价。菜品明码标价，嫌贵就不要点，但不准强卖、宰客。

从五台山官方微博及物价局相关负责人的回应内容来看，最大的不妥之处便是没有从网友、媒体及公众角度出发，言辞之中稍显敷衍和不重视，这是引发媒体跟进及用户进一步评论的导火线。

二、媒体关注度分析

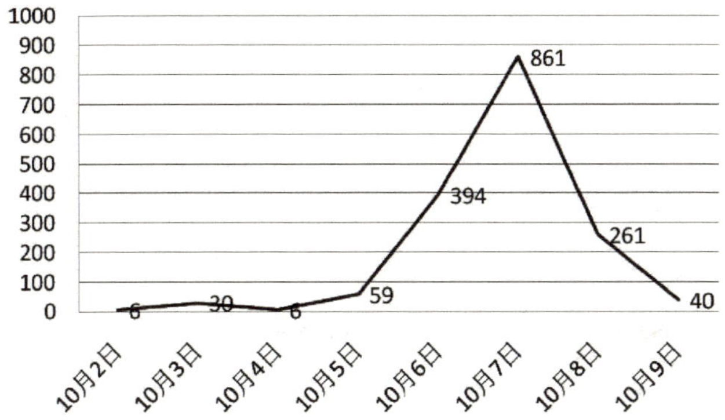

山西五台山“特色菜定价高事件”媒体关注度走势（单位：篇）

2014年10月2日，澎湃新闻发布新闻《五台山“台蘑炖山鸡”一盘卖400元，服务员：我们用优质台蘑》，对五台山风景区的饮食市场进行了报道，但这则新闻传播面相对较窄，当天的新闻转载量仅为6篇，并未引发舆论关注。

10月3日，网易财经频道对此新闻进行转发，5000多名网友跟帖参与事件讨论，使得事件的热度开始有所上升。

10月5日，澎湃新闻继续跟进事件报道，将五台山风景名胜区政府官方微博对此事的回应与其他信息整合后再次发布，该报道被网络媒体大量转发。将原标题改为《五台山调查“一盘台蘑炖山鸡400元”：确实不贵，且没涨价》，突出山西省物价局的回应：“嫌贵别点”，这种标题处理手法很快点燃了网民关注热情，腾讯和网易对这则新闻转发后，有超过14万网友参与事件讨论，网友跟帖超过4万条，事件热度快速上涨。

10月6日，相关评论文章开始涌现，矛头大多指向五台山风景区和山西省物价局的回应，官方的处境略显尴尬。

在事件整个发展过程中，山西五台山景区方面若有借助舆情监测工具，便可很方便地了解“特色菜定价高事件”的网络热度。如上图所示，从10月2日～4日，该事件的媒体关注度并不高，恰恰是10月5日官方回应后，整个事件才被推向高潮。

三、微博关注度分析

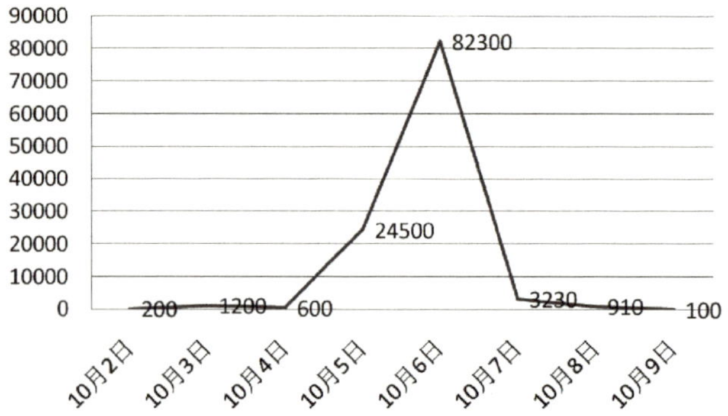

山西五台山“特色菜定价高事件”微博关注度走势（单位：条）

据第三方工具统计，微博平台上关于山西五台山景区特色菜“台蘑炖山鸡”卖价昂贵一事的相关微博有 11 万条左右，几乎与媒体关注指数同步，在 10 月 6 日热度到达顶峰。对于旅游景区饮食价格问题，普通网友似乎特别敏感。

四、网友观点倾向性分析

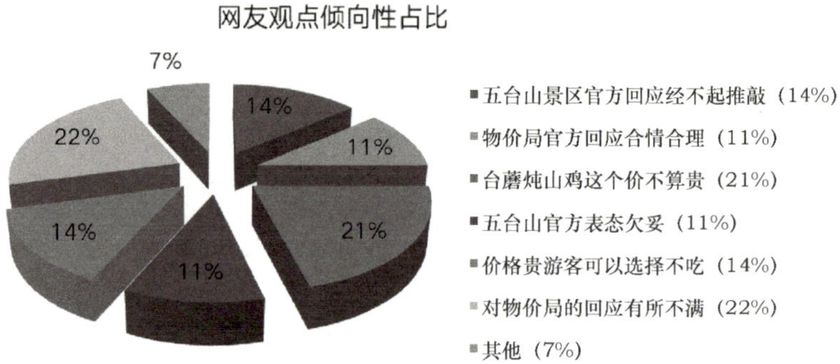

山西五台山特色菜定价高事件网友观点倾向性

10 月 6 日，事件引发网友热议，各方观点倾向性不一，借助舆情监测工具，也非常容易判断出事件的舆论导向，对各方观点的占比情况做系统了解，如上图所示。同时，与占比相对应的网友核心观点和内容，都在后台清晰可见。

1．对物价局的回应有所不满（22%）

网友“5214425730”：不要拿市场经济做挡箭牌，敲诈就是敲诈，乘人之危就是乘人之危。但奇怪的是官方居然还支持这种行为，那还要物价部门干什么？这样下去市场不是完全混乱了吗？要知道市场经济是法治经济，要讲公平正义原则。

2．“台蘑炖山鸡”这个价不算贵（21%）

@ergiooraMoss ：至少比你吃个家常菜后，原本百十来元的一桌收你上千元好吧。

3．价格贵游客可以选择不吃（14%）

@黄山之徒：景区旺季一年也就这么几天，但是人工费、房租、管理费可是要交全年的，均摊下来这价格真心是不贵了，只要是明码标价不强迫交易就没什么不对，嫌贵你可以不吃，吃完了嫌贵这算什么啊，同样一只鸡在路边摊和星级酒店价格要差几倍都没意见，到景点就有意见了，政府不必道歉，没什么不对的。

4．五台山风景区官方回应经不起推敲（14%）

@河北好人：自打进了五台山的地界，满大街都是卖台蘑的，按你们说法，产量极小，那只能说大部分都是假货！真假姑且不说，饭店也不可能一盘菜给你放 4 两蘑菇！蘑菇是干货，发开了之后 4 两也就是干蘑菇一两。如果你用 4 两干蘑菇发开了炖鸡，你得放多少鸡？

5．物价局官方回应合情合理（11%）

@人在归途：官方的回复没啥问题，又不是强买强卖，也不是欺诈，和官方其实没啥关系吧。

6．五台山官方表态欠妥（11%）

@布鲁克林男孩 Suney：本身没什么，垄断单位，景区贵大家都知道，明码标价吃不吃随便。不过官微这么理直气壮的回复让人看到也是醉了。

7．其他（7%）

*@沂源之巅：*国庆出游关键词就是“贵”，门票贵、吃饭贵，各种贵，中国旅游市场各种乱象确实需要进一步加强治理。

——本文部分内容摘录于《人民网—舆情频道》

通过以上案例，我们发现正是因为缺乏有效的“舆情监测”工具，在媒体曝光山西五台山景区特色菜“台蘑炖山鸡”卖价过高一事后，对网络舆情状况了解不够，所以才有盲目和欠妥的回应，使得事件热度节节攀高。

事实上，突发事件危机处置中的一个重要环节是对事件舆情热度做出有效评估，根据事件热度进行分类处理：冷处理和热处理。冷处理就是暂观事件发展，先不做任何官方回应；热处理则需要官方积极做出回应，避免事件恶化。

五台山特色菜卖价高被媒体曝光后，从媒体报道量和网友关注度来看，澎湃新闻在 10 月 2 日发布的新闻影响力很小，网民对 400 元的“台蘑炖山鸡”事件也并不“感冒”，事件的舆情热度处于较低水平，面对此类情景，官方完全可以对其进行冷处理，让新闻变旧闻即可。但是，官方在微博中以“市场经济”为说辞的回应，招致了更多舆论压力。

同时发生在另一景区的天价消费事件，因景区方面对舆情状况的全面掌握而采取了“冷处理”方式，反而使事件得到平息。10 月 2 日，澎湃新闻发布报道“游客盘点‘坑爹’景区：井冈山三素一荤 300 多元”，这篇新闻与五台山特色菜卖价高事件同一天曝光，且都与食品价格相关。从统计数据来看这则报道热度较低，在此背景下，井冈山景区并未做出官方回应，从而让事件自然冷却，避免了因不当回应而招致更多负面冲击的情况。

借助舆情监测工具 有效避免一场危机风波

广东省某特色连锁餐饮企业，仅用 2 年时间在全国一线城市便拥有近 100 家门店，其中加盟店占比高达 90% 以上。该餐企从建立之初就十分重视品牌建设，在产品创新、品牌规划、VI 视觉空间设计、营销推广等各个维度都引进了专业的第三方策划机构，这也是品牌得以成功并快速扩张的保障。

与此同时，该餐企在启动全国“招商加盟”之前，特意引进了一套专业的“舆情监测”系统，实时监测品牌在网络上的各种舆论信息。他们深知，一旦启动全国加盟市场，品牌的舆情导向对于品牌持续发展的重要性，因为网上任何一点细微的负面舆论都有可能发展为一个大的危机事件，甚至葬送一个品牌。

这样一套“舆情监测”系统一上，就相当于为品牌公关装上了一个 24 小时“雷达”，它能实时监测涵盖微博、转帖、论坛、博客、新闻媒体、音视频及问答网站等各类媒体，同时具备自动分类、自动聚类、自动摘要、过滤重复和不相关信息、热点识别等多项功能，不但能监测各类负面信息，还能让餐厅更加系统地了解行业、竞争对手的发展和品牌公关动态，为自身品牌营销做参考。

果不其然，2016 年 5 月，该餐企舆情监测系统后台监测到了 3 条负面微博，分别由身在上海、长沙、北京的 3 个不同用户发出对餐厅某道菜式食材不新鲜的质疑，看似简单的 3 条微博，却让总部管理层心里十分不安。

首先，用户至上，对于用户的投诉，首先必须安抚，以免事态扩大。但从舆情监测系统后台看到，微博信息的转发和互动非常少，还未得到广泛的传播，此时应当遵循“冷处理”原则，不宜公开对微博进行官方回复。因此，公司决定以官方微博“私信”的形式向用户道歉，同时邀请他们再次光临餐厅，为了表达歉意特送上价值 500 元的“霸王券”，让投诉用户免费试吃。如此简单的处理，效果却非常明显，其中两个用户给餐厅的处理方式点赞并发出微博，事件也就此平息，接下来一个星期内也未见类似信息再次出现。

其次，3 个地方同时出现食材问题，反映了中央厨房食材采购或存储出现问题，对此，管理层迅速对食品生产流程进行系统检查和漏洞筛查，并重新优化了中央工厂的采购、生产和配送体系，以避免类似事情再次发生。

最后，为了将用户投诉对产品的负面影响降至最低，公司还特意对该道菜式的制作方法进行了优化，这样用户再次光顾门店用餐时，就能切实感受到餐厅对顾客意见的重视。

由此可见，相对人工的舆情判断，“舆情监测”系统显然具备以下几大优势。

（1）及时：代替人工第一时间（小时级）获取用户动态、用户评价和餐厅事件等网络信息，以便对事件进行快速响应和决策制订。

（2）全面：全面覆盖微博、转帖、论坛、博客、新闻、音视频及问答网站等。

（3）准确：自动过滤、去重，智能正文探测与抽取，能够精准快速地对内容进行分类，准确率达 90% 以上。

（4）主动：自动设定信息规则，把握网络信息的主动权，避免信息扩散后的被动，防微杜渐将危机灭于无形。

（5）低成本：聘请专业信息人员收集舆情，会存在不全面、不及时、不准确等缺点，而利用第三方软硬件进行检测的成本会低于人工，且最终价值更大。

【总结】

对一些上市餐企和大型餐企来说，由于其一举一动都备受社会重视，且会直接影响到公司的经营效益，一旦出了问题，往往会引起大范围的舆论质疑。因此，对于品牌型企业，舆情监测的价值显得尤为重要。那么，舆情监测对餐厅究竟有哪些价值？

1．及时全面的舆情危机处理

很显然，这是“舆情监测”工具对餐企最大的价值。尤其在互联网时代，一条负面微博、微信能瞬间在网上引爆，一旦没及时处理就极有可能演变成一场危机事件。借助舆情监测工具，能在第一时间了解网民动态和用户互动评论，在刚出现舆情危机和负面信息时便做好应对。

2．营销策划

舆情监测的价值远不止“危机预警处理”这么简单，在餐厅进行营销宣传的时候，也可以通过舆情管理，掌握行业热点，进行营销活动策划，让餐厅一炮而红。

3．新品推广

在餐厅推出新产品时，也可通过舆情监测、数据整理及分析，了解用户的需求、用户的喜好、市场行情、竞争对手的动态、国家政策、热点事件等。以此来制订合理的新品研发计划及经营战略，让出品研发更加符合用户需求，让餐厅各种营销活动更具针对性。

4．营销效果评估

当餐厅在进行品牌公关宣传时，也需要及时监测其效果，舆情监测工具一样能监测各个宣传渠道的传播效果，从而有针对性地调整公关传播方案，让效果最大化。

第三项修炼
——“搜技”修炼之搜索排名

【解读】

互联网把我们带入一个“入口时代”，各类搜索引擎是用户获取信息的主要入口，因此，餐厅在借助各类媒体进行品牌公关传播的同时，一定要关注“软文”的搜索排名，这直接关系到餐厅公关软文在媒体流量外的搜索流量渠道中的曝光量。

这自然引出了品牌公关的第三项修炼——“搜技”修炼，即如何提升餐厅软文信息在搜索引擎中的排名，包括百度、360、搜狗等主流搜索引擎。之前在“笔功”修炼篇中有提到，软文的低成本除体现在投入成本相对较低外，更体现在软文发布在各类媒体的长期性（文章通常不会被媒体删掉），如果软文优化得好，便能在用户搜索相关关键词时出现在搜索引擎前列，这自然成了餐厅长期的免费广告。

因此，“搜技”修炼几乎是餐饮品牌公关的“加分器”，搜技练得好，各类公关软文稿在搜索引擎中的“出头”机会便更多，不仅让用户了解到品牌的几率会增加，而且其他媒体转载软文的概率也会提高，因为在搜索引擎上的表现是众多网络媒体采集新闻信息的一个重要指标。

【案例】

1 个月让软文在品牌关键词搜索中崭露头角

重庆一家名为景轩火锅的火锅新品牌，于 2016 年 12 月初开业，仅仅用了不到 1 个月的时间便将品牌做到全重庆人皆知。用户只要在百度或其他搜索引擎搜索“景轩火锅”关键词，第一页 10 条信息中至少有 5 条是第三方媒体平台的软文报道，公关软文的搜索排名覆盖率高达 50%。无疑，在这种搜索表现下，任何一个新用户通过搜索引擎了解该品牌，都会得出这个品牌“很牛”“很受关注”的结论。

反观很多餐厅经营多年，连锁分店数量也突破 10 家，但在百度搜索相关品牌信息时，出现的信息量却极少，第三方媒体的报道几乎是空白。试想，在用户习惯通过搜索了解信息的当下，这对在用户心中塑造品牌形象是十分不利的。

因此，加强“搜技”修炼，其根本是为了迎合当下主流用户群的行为习惯，为了让餐厅信息更加精准、高频地展现在用户面前。接下来，我们结合“景轩火锅”的案例，来进一步分析如何提高品牌在关键词搜索中的曝光率和排名。

1．分析用户需求，锁定优化关键词

要提升一篇文章的搜索排名，首先要锁定文章的关键词，即餐厅究竟希望用户通过搜索什么关键词来引出其文章。而通过分析用户需求，结合餐厅自身的定位和用户的搜索习惯，是锁定关键词的核心方法。

先找出餐厅与其他餐厅的核心差异点在哪？在景轩火锅“高大上、斥资千万、苏式园林风格、古建装修、食材品质很高、美女服务员”等大量标签中，最能体现品牌价值和特色的要数“苏式园林风格”“高大上”“好吃最美”这3个标签。

其次，分析核心消费人群的搜索习惯。景轩火锅定位较为高端，人均消费在200元左右，其目标用户消费力较强，对服务质量、餐品品质用餐环境等要求较高，他们更看重餐厅的品牌和特色。

最后，综合两方面的情况，景轩火锅锁定了8大关键词：重庆火锅、苏式林园火锅店、中国最美火锅店、重庆火锅哪家最好吃、网友最喜爱的十大火锅、重庆旅游必吃的火锅、吃货强烈推荐火锅和高富帅火锅。

2．巧妙植入关键词，让文章权重更高

锁定了关键词，下一步就是如何在文章中科学地植入。要提高一个关键词的排名，通常需要提高关键词在整篇文章中的权重，通俗讲就是关键词在文章中出现的频次，主要体现在以下两个方面。

（1）标题

标题在一篇文章中的权重占比最大。因此，在撰写软文标题时，一定要将关键词融入标题中，且要尽可能站在用户的角度来思考，根据要写的内容来模拟用户可能搜索的标题形式，一般主关键词的拟题范围狭窄，因此要拓展至长尾关键词。例如，景轩火锅要提升自身信息在用户搜索“重庆火锅”这个关键词时的排名，但考虑到这个关键词的竞争激烈程度高，可以从长尾关键词上着手，将关键词锁定为“重庆火锅哪家好吃”，标题可以拟为“时过境迁，如今重庆火锅哪家最好吃”。

（2）内容

内容是标题的进一步阐述，要提升关键词排名，需要在内容中不断出现锁定的关键词，通常关键词出现 10 次以上为宜。同时，在内容的陈述形式上，应尽量避免简单粗暴的营销文案，而是借鉴常用的软文撰写方式，以媒体及用户更容易接受的原创文案形式呈现，这样更容易增加文章在搜索引擎库中的权重，从而提升软文的排名。

3．选择高权重媒体，排名靠前更可靠

如果将一篇文章的质量比喻成一个人的“潜质”，那么发布的载体就是“平台”，一个具有潜质的“人才”若身处一个不好的平台，也不一定能发挥应有价值，可见软文的发布载体对于排名的重要性。通常，选择权重高的媒体进行软文发布更有利于搜索排名。

那么，怎样衡量一个网络媒体的权重？这里推荐一个查询网站权重的网站“站长之家（tool.chinaz.com）”，如下图所示，先输入所要查询权重的网址，然后点击“百度权重”即可查询。通常，权重越高的网站，发布软文排名靠前的概率越大。当然，一个网站分为很多频道和网页，具体到每个频道页或者网页的权重都会与网站的整体权重有细微的差距，不能一概而论。

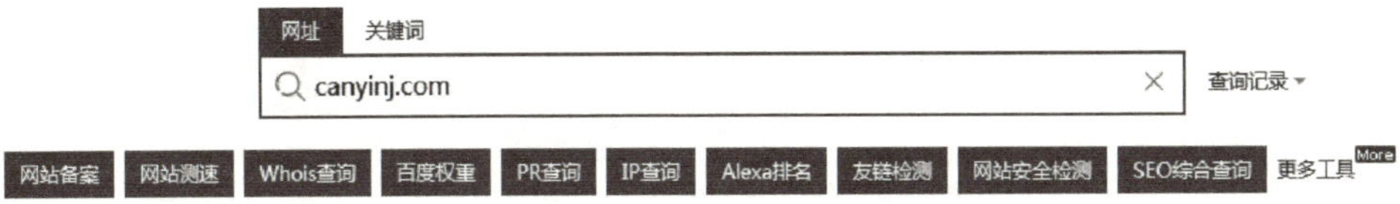

具体哪个网站或者频道的权重高、排名好，还得经过实践得知，因为权重高的媒体有可能出现频道页权重低的情况，权威度高的媒体也可能权重并不高。相反一些权威度并不高的媒体，有可能权重非常高，所以选择媒体不能“唯权威论”，需综合考虑网站权重。

景轩火锅选择投放软文的媒体基本都是权威媒体，如凤凰网、搜狐网、网易等，且投放前还要综合考量频道权重，所以用户用百度搜索“重庆火锅哪家最好吃”“高

富帅火锅”“中国最美火锅店”等关键词时，其软文都排在搜索结果第一页靠前的位置。

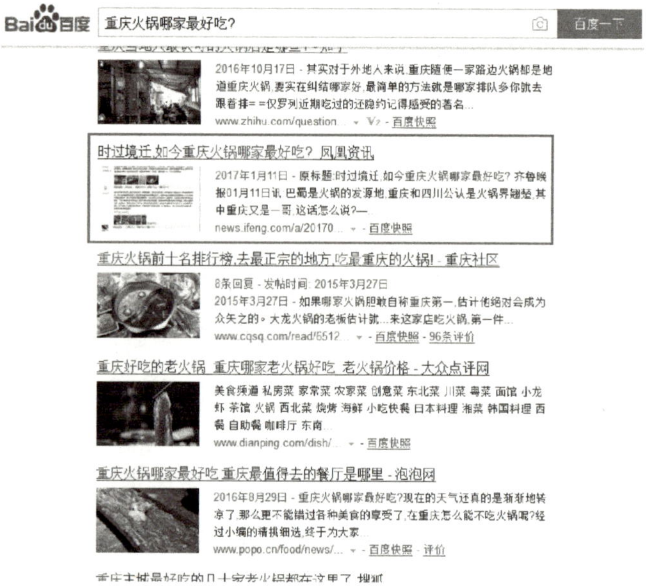

百度搜索“重庆火锅哪家最好吃？”排名第四

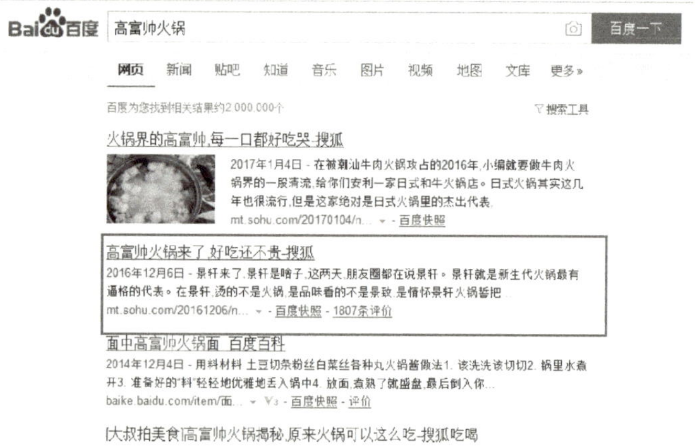

百度搜索“高富帅火锅”排名第二

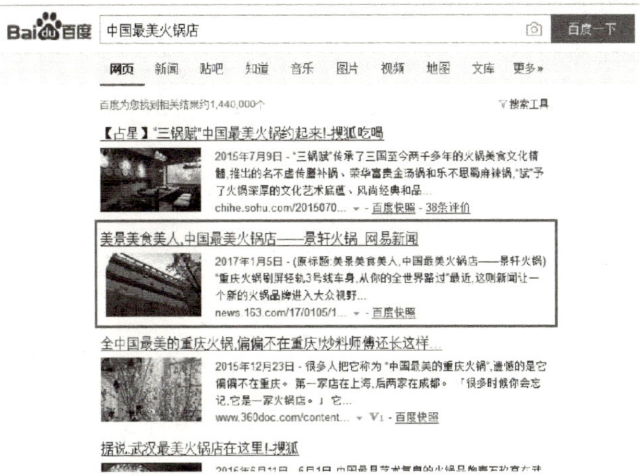

百度搜索“中国最美火锅店”排名第二

很显然，景轩火锅在品牌公关过程中对“搜索引擎”做了系统的研究，从关键词锁定到软文内容的撰写，从关键词的巧妙植入到网络媒体的精选，都有很多地方值得我们学习。此外，“搜技”的修炼，除能够提高搜索的排名外，还能衡量媒体发布效果，如“新闻源”的露出，如下图所示，点击“新闻”，即可显示出被百度新闻收录的文章。

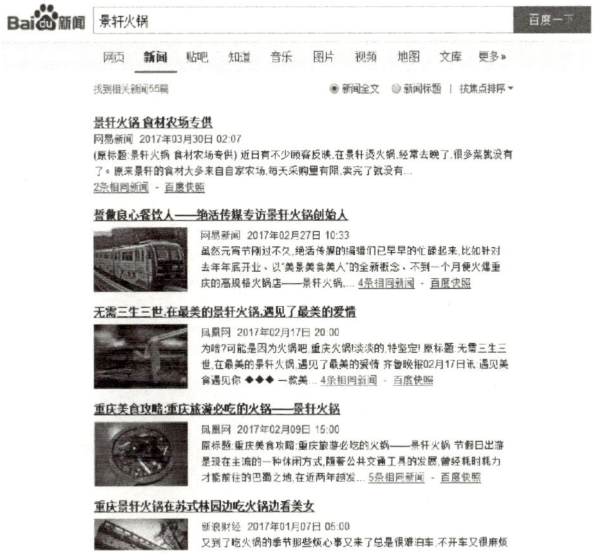

由于百度新闻源对内容的要求标准非常高，所以并不是所有媒体网站发布的新闻都能被百度新闻收录，一旦被百度新闻收录，就意味着更多的曝光机会：一则会被百度新闻对应频道推荐，二则其他媒体转载的概率也会增加。我们在百度新闻搜索“景轩火锅”，出现了50多篇被收录的新闻，搜索引擎排名表现极佳，可见其软文的质量及投放媒体权重都很高。

【总结】

“搜技”是提升餐企品牌公关力的有效工具，一方面它能让公关传播的价值最大化，另一方面也是衡量传播效果的工具，这其中有3个关键点。

（1）锁定关键词：餐企应结合餐饮品牌定位和目标用户行为习惯，从行业全局角度考虑锁定核心搜索关键词，为后续内容优化奠定基础。

（2）内容优化：根据锁定的关键词，分别从标题、内容两个层面进行关键词合理布局，提高关键词在文章中的权重。

（3）媒体选择：尽量选择搜索权重高或新闻源媒体进行发布，当然权重高是个相对的概念，具体到频道、网页会存在一定的偏差，但整体上选择知名度高的媒体发布，文章排名靠前的几率会大很多。

提示：餐饮公关人员必备的 10 项基本修养

公关即公共关系，它是一门在组织内外部之间及组织之间建立起一种良好关系的科学，也是一门表现于为大众利益而服务的政策和措施上的管理哲学。所以，它不仅是本书所阐述的品牌公关造势，以及危机公关处理，更是一项管理职能，它要负责检验大众的意见，权衡各方面利弊，使企业政策更符合公众的利益。

由于公关的广泛性、创造性和灵活性，加之餐饮行业本身具有其他行业所没有的复杂性，这对餐饮公关人员提出了更严格的要求，不仅要具备广泛的公关学科知识、较合理的能力结构，还需要培养良好的心理素质，并在反复的工作实践中，不断提升自身综合素质，这样才能应对瞬息万变的餐饮市场。

那么，餐饮公关人员究竟应当具备哪些素质？

1．过硬的知识

餐饮公关人员的知识结构分为两个部分：一部分是过硬的专业知识，这是公关人员从业的资本，怎样有效维护与媒体、机构及各相关行业关系，如何借助媒体进行公关传播，面对危机事件如何做到临危不乱、快速处理等，这些都是餐饮公关人员必修的专业课程；另一部分指广泛的知识结构，餐厅是一个社交型的场景，每天面对形形色色、各行各业的人群，餐饮公关人员必须涉猎广泛，懂得社交礼仪知识，并善于与各种人打交道，才能胜任公关的角色。

2．出色的传播能力

公关的一个核心职能便是品牌传播，而传播是连接公共关系主体（企业）与公共关系客体（公众）的中介，因此，公关人员的传播能力直接关系到品牌公关的效果。本书阐述的各种造势、借势及危机公关的方法便是培养公关传播力的“法宝”。只要能系统掌握，并灵活运用到餐饮公关实践中来，拥有出色的传播力并不难。

3．较强的组织管理能力

公关人员的一项核心工作就是开展各种公关活动，而每个公关活动都需要精心策划和认真组织执行。公关人员首先要具有高超的组织能力，若缺乏一定的组织能力，不能很好地组织人员按预先计划执行，不能灵活组织协调好与各部门之间的关系，就很难将公关活动执行到位，更别谈提高品牌认知度和美誉度了。

4．敏锐的判断能力

公关工作在企业的经营管理和行政管理中都处于重要的战略地位，属于决策参谋层面，它要求公关人员不仅要非常了解企业各部门的情况，协调组织内部各部门的关系，且对外部市场环境、消费者反馈、竞争对手发展及媒体舆情环境也需了如指掌。当遇到重大公关事件，尤其是危机事件时，公关人员必须善于发现问题、明辨是非，正确评估公关事件的利与弊，并迅速采取科学有效的方法“制危”，这些都离不开判断能力。

5．较强的表达能力

表达能力包括口头表达能力和文字表达能力两个方面。首先，公关人员的工作离不开口头语言表达，如公司参加重大展览或新闻发布会，公关人员必须懂得介绍企业概况、品牌规划及未来发展规划等，并在与公众接触时阐述自己的观点。

同时，公关工作也离不开书面文字的表达，例如，公司基础的品牌宣传资料，各类公关活动的策划方案、品牌传播创意等，所以公关人员必须具备一定的文字功底。

6．灵活的应变能力

餐饮公关人员在公关工作中，遇到的人千奇百怪，遇到的事也千变万化，这极度考验公关人员的自我控制和应变能力。例如餐厅遇到一个刁蛮的客户，市场监督部门的一场突击检查，媒体记者猝不及防的到访等，公关人员都应该能灵活应对。

7．出色的社交能力

餐饮公关人员应当具有一个比较外向的性格，因为公关就是沟通，作为一个餐饮品牌的形象代言人，一定要积极大胆地展示自己的才能和魅力，树立良好的机构形象，同时也要善于把控全局，但也切忌言语夸夸其谈、咄咄逼人，令人感觉轻浮。

8．高超的谈判能力

公关其实就是一场博弈，无论是顾客的投诉处理，还是媒体关系的维护，抑或是与政府机构的沟通，其实都是一门很有学问的艺术。公关人员需要提前做好准备，未雨绸缪，充分设想谈判过程中各种可能发生的情况而且掌握谈判的技巧，充份把握好机会，让谈判往有利于餐厅的方向发展。

9．正直的品德

公关是一个交际型工作，会面临各种诱惑，也免不了与各种类型的客户打交道。无论是作为第三方公关公司，还是餐企的公关人员，都应当遵循最起码的道德底线。同时，在企业公关的过程中，也应遵循职业操守，禁止逾越法律底线。

10．良好的心理素质

要成为一名优秀的公关人员，首先得树立起自信心，克服自卑恐惧心理；其次，要有韧性，因为公关工作不可能是一帆风顺的，必须有“不达目的不罢休”的韧劲；最后，还得具备自我调节情绪的能力，公关是一项复杂的工作，尤其面临危机事件，各方面的压力及高强度的工作，都会给公关人员的心理承受能力带来强大的考验。

后记：以书为媒，连接更多创新餐饮人

与微博、微信、网络媒体、报纸、杂志一样，书籍也是一个媒介，它是作者知识和观点的传递者。

餐企借力媒体进行公关，目的是为了搭建良好的公共关系和舆论环境，为品牌赋能，提高品牌知名度和美誉度，而我热衷于将自己所思所想通过书籍“全盘托出”，是想“以书为媒”影响更多有共鸣的餐饮人。

那么，这究竟是怎样的一群餐饮人？

这类餐饮人乐于分享自己的观点，热爱学习，敢于打破常规，进行颠覆式创新，即便在经历多次创新尝试失败后，依然在“创新”这件事情上乐此不疲。这类餐饮人中，有非常优秀的餐饮连锁集团老板，有正在快速升级迭代的现代餐饮人，也有摔过多次“跟头”后仍在拼命学习的餐饮创业者，他们的餐企处于不同的发展阶段，但有着一个共同的标签——创新。

“万众创新”，早已成为创新驱动发展战略的重要一环，餐饮界新媒体作为国内第一家定位于“传播优质餐饮创新资讯”的新媒体平台，一直在“餐饮创新”的路上不断前行。

2016年3月，餐饮界新媒体首次主办线下活动，围绕“餐饮品牌创新”这一主题，在深圳主办了餐饮界第一场名为“餐饮品牌进化论”的线下沙龙。

2016年5月，餐饮界新媒体围绕“餐饮营销创新”，在深圳主办了首次“餐饮创新营销”论坛。

2016年10月，餐饮界新媒体在深圳主办了华南地区第一场超600人规模的“第一届餐饮界创新创业高峰论坛”，邀请了蚝门九式、云味馆、Kao 铺、西少爷、好色派沙拉等全国知名餐饮品牌，分别围绕品牌、营销、商业模式、产品、互联网、法律、资本等 12 个创新维度，进行了干货分享。

2016 年 11 月，餐饮界新媒体正式成立“餐饮创新营”线下社群组织，并邀请了蚝门九式创始人蚝爷担任顾问。

2017 年 1 月，餐饮界新媒体在南京主办“餐创新未来暨第二届餐饮界创新创业高峰论坛”，邀请了十几位行业大咖，围绕餐饮经营的多个维度进行了创新分享。

2017 年 3 月，餐饮界新媒体主办“企业三力——组织力、品牌力、领导力”餐饮总裁创新训练营活动，邀请了云味馆 3 位创始人进行了一整天的“深度研习 + 餐厅实地游学考察”，收获满满的好评。

2017 年 5 月，餐饮界新媒体主办“互联网 & 外卖专场”餐饮总裁创新训练营活动，邀请了 Kao 铺、安小餐等互联网外卖品牌高管进行“深度研习 + 餐厅实地游学考察”。

2017 年 6 月，餐饮界新媒体在南京举办“创新餐饮风暴会暨第三届餐饮界创新创业高峰论坛”，邀请了绝味鸭脖旗下网聚资本和一茶一坐、云味馆等全国知名品牌的高管，围绕餐饮经营的多个维度进行了创新案例分享。

2016 年 8 月，餐饮界新媒体在上海举办“创新餐饮风暴会暨第四届餐饮界创新创业高峰论坛”。

此外，餐饮界新媒体还借助线上语音直播、微信群直播等工具，先后邀请了 10 几位嘉宾，进行了多期“创业课堂”直播，分享内容覆盖品牌、运营、出品、外卖、商业模式等多个维度。

说到这里，大家应该对“餐饮创新营”有了初步的了解，它就是一个“餐饮创业者的创新训练营”，由 50 多位优秀的餐饮创业者联合发起，定位为一个面向社群会员的“餐饮学习型组织”，它邀请餐饮行业优质的创业者，分别围绕餐饮创业的各个维度，包括品牌定位、商业模式、品牌营销、互联网推广、大数据、选址、空间设计、经营管理等，进行多维度创新分享，从而指导餐饮人更好地创业。

期待以书为媒，吸引更多人加入“餐饮创新营”，与优秀的餐饮创新者共同进步！

入营指南

（1）所有餐饮界新媒体活动对于“创新营”会员免费；

（2）关注微信号：canyinj，点击“加入创新营”菜单，填写相关信息；

（3）入营会员费为 1999 元 / 年，用于社群建设和会员维护，以及配套基础服务的管理支出，会员权益自缴费日起一年有效；

（4）支付成功后，请添加管理员微信号：mengguimiao，确认后进入“创新营微信群”，与我们汇合。

扫二维码加入餐饮创新营

反侵权盗版声明